DESPERTE O
EMPREENDEDOR
EM VOCÊ

DESPERTE O EMPREENDEDOR EM VOCÊ

4ª EDIÇÃO – REVISTA E ATUALIZADA

Jorge Duro
J. R. Bonavita

Editora Senac Rio de Janeiro – Rio de Janeiro – 2015

Desperte o empreendedor em você © Jorge Duro e J. R. Bonavita, 2006.

Direitos desta edição reservados ao Serviço Nacional de Aprendizagem Comercial – Administração Regional do Rio de Janeiro.

Vedada, nos termos da lei, a reprodução total ou parcial deste livro.

SISTEMA COMÉRCIO-RJ
SENAC RJ

Presidente do Conselho Regional do Senac RJ
Orlando Diniz

Diretor do Sistema Comércio
Orlando Diniz

Diretor Geral do Senac RJ (em exercício)
Marcello Jose Salles de Almeida

Conselho Editorial
Ana Paula Alfredo, Wilma Freitas, Daniele Paraiso,
Manuel Vieira e Karine Fajardo

Editora Senac Rio de Janeiro
Rua Pompeu Loureiro, 45/11º andar
Copacabana – Rio de Janeiro
CEP: 22061-000 – RJ
comercial.editora@rj.senac.br
editora@rj.senac.br
www.rj.senac.br/editora

Publisher
Daniele Paraiso

Editora
Karine Fajardo

Produção editorial
Ana Carolina Lins, Camila Simas,
Cláudia Amorim, Jacqueline Gutierrez,
Raphael Ribeiro e Thaís Pol

Capa
Lauro Machado/Estúdio Insólito

Projeto gráfico do miolo
Fabiana Rocha

Ilustrações
Eduardo Bordoni

10ª reimpressão da 4ª edição revista e atualizada
novembro de 2015

Impressão
Gráfica e Editora Stamppa Ltda.

CIP-BRASIL.CATALOGAÇÃO-NA-FONTE.
SINDICATO NACIONAL DOS EDITORES DE LIVROS, RJ.

D964d
4.ed.

Duro, Jorge
    Desperte o empreendedor em você / Jorge Duro, J. R. Bonavita. – 4.ed. rev. e atual. – Rio de Janeiro:
Ed. Senac Rio de Janeiro, 2015.
    116p. : il. ; 16cm x 23cm

    Inclui bibliografia
    ISBN 978-85-7756-070-7

    1. Empreendimentos. 2. Criatividade nos negócios. 3. Empresas novas – Administração. 4. Sucesso
nos negócios. I. Bonavita, José Ricardo, 1959–. II. Título.

10-1174.

CDD: 658.11
CDU: 65.016.1

SUMÁRIO

Agradecimentos | 7

Introdução | 9

1 A parábola dos três leões | 11

2 O mito do emprego | 14

    2.1 O conceito de trabalho | 18

    2.2 O paradigma do emprego | 22

3 O que é ser empreendedor? | 24

4 As três maneiras de ser empreendedor | 26

5 Qualidades do empreendedor | 30

    5.1 O que é perseverança? O que é teimosia? | 34

6 Decidindo seu futuro | 36

    6.1 Disponibilidade para mudar | 36

    6.2 O ato de decidir | 40

    6.3 Ciclo da mudança | 41

7 Disciplina mental | 46

    7.1 Decidir ou não decidir, eis a questão | 51

8 O controle do dinheiro: escravo rico x escravo pobre | 53

    8.1 O paradigma do contracheque | 55

9 Construa seu futuro | 58

    9.1 Visão reflexiva – Agora | 59

    9.2 Visão reflexiva – Futuro | 64

10 Vendendo o seu sonho – Transformando o sonho em realidade | 66

    10.1 Capacidade de comunicação | 67

    10.2 Confiança | 71

11 Objetivos e metas, estratégia e ação | 78

12 Traçando um plano para realizar! | 84

    12.1 Onde você está? Aonde você quer chegar? | 84

    12.2 Identificação | 87

    12.3 Análise de forças | 90

    12.4 Uma palavra sobre oportunidades | 96

    12.5 Diferencial | 97

    12.6 O plano | 99

13 Verdades e mitos sobre o empreendedor | 103

    13.1 As lições de Babson | 104

Bibliografia para quem deseja se aprofundar no assunto | 115

Agradeço a todos aqueles, presentes ou não, que permitiram que aqui eu chegasse; a minha família, pelo estímulo de querer me ver vencendo. Que Deus os abençoe.
Jorge Duro

Agradeço a Deus a oportunidade de apresentar este trabalho ao público, e a meus filhos, minha mãe e meu irmão, pelo apoio e incentivo, me estimulando a seguir em frente.
J. R. Bonavita

Nossos agradecimentos à colaboração de Maria Margareth Heineck e Ranieri Mattos, sem os quais não concluiríamos esta obra.
Os autores

INTRODUÇÃO

Sonhos. Todos nós temos sonhos. E esses sonhos se tornam mais fortes e presentes a cada virada de ano, quando, muitas vezes, sabemos que está mais do que na hora de serem realizados. Quantos sonhos carregamos durante uma vida inteira e eles não deixam de ser apenas isso: uma imagem em nossas mentes. Quantos desses sonhos se tornam realidade? Diz um ditado: a mente cria, o desejo atrai e a fé realiza. Ótimo, nós também acreditamos nisso, mas não apenas nisso! É preciso que você transforme seu sonho numa ideia, e depois transforme essa ideia em realidade.

Tomemos como exemplo o sonho de voar. Desde a mais remota Antiguidade o homem sonha em voar como os pássaros. Da lenda de Ícaro aos desenhos de Leonardo da Vinci sobre máquinas de voar, esse sonho prosseguiu de coração em coração até que um homem, um empreendedor chamado Alberto Santos Dumont, transformou-o numa ideia concreta, na forma de um balão impulsionado a motor. Esse empreendedor foi adiante e, com a tecnologia disponível em sua época, transformou a ideia em realização!

Sonhos não se tornam ideias, nem ideias se tornam realizações, se alguém não estiver disposto a empreender essas transformações, se não estiver disposto a correr esse risco e dar um passo adiante para concretizar o sonho. Isso serve para os seus sonhos também! Você precisa querer ser empreendedor para que seus sonhos se tornem ideias concretas e suas ideias se tornem realidade.

O que queremos mostrar a você neste livro é exatamente isto: como ser um empreendedor e saber transformar sonhos em ideias e planos, e daí em realizações. Suba em nosso dirigível, aperte o cinto e... boa sorte!

A PARÁBOLA DOS TRÊS LEÕES

Três leões eram irmãos, filhos do mesmo pai, e pertenciam a uma alcateia alegre de mais de vinte leões e leoas. Com o passar do tempo, eles amadureceram e cada um tomou um rumo diferente na vida.

O primeiro leão havia sido capturado e levado para um circo em um país muito distante de sua África querida. O segundo irmão permanecera na floresta e havia decidido ser um leão solitário, batalhando por comida quando e onde bem lhe aprouvesse. O terceiro irmão ficara no lugar de seu pai e era agora o chefe da maior alcateia daquele país, tendo mais de trinta leões e leoas sob seu comando.

Às vezes, cada um dos três leões tinha notícias sobre seus irmãos e, à noite, cada um se punha a pensar.

Antes de cair no sono, o primeiro leão pensava: "Ah! Meus irmãos é que são felizes; um vive pela floresta, sozinho, fazendo a cada dia o que lhe der vontade, enquanto isso, o outro é chefe da maior alcateia que já existiu e tem todos aqueles súditos para fazer-lhe as vontades! Eu, ao contrário, trabalho de sol a sol neste circo, durmo dentro de uma jaula e tenho de obedecer ao domador, senão fico sem minha refeição. Oh! Coitado de mim!"

O segundo leão, sozinho na floresta, pensava todas as noites: "Ah! Meus irmãos é que são felizes; um é o chefe da alcateia de nosso pai e domina mais de trinta leões, enquanto isso, o outro é um artista, trabalha num circo e tem alimentação e casa garantidas, sem precisar se preocupar! Eu, ao contrário, luto desesperadamente para sobreviver todos os dias nesta selva, sem saber se amanhã terei uma refeição. Oh! Coitado de mim!"

O terceiro irmão murmurava para si, quando por fim deitava, após ter verificado que todos os outros leões estavam bem: "Ah! Meus irmãos é que são felizes; um está garantido para o resto da vida, pois, pelo que sei, todo leão de circo morre bem velho, gordo e satisfeito; enquanto isso, o outro vive a flertar pela floresta, arrumando comida aqui e ali, uma leoa que lhe faça companhia aqui e ali, sem maiores responsabilidades! Eu, ao contrário, sou responsável por essa alcateia enorme. Sem o meu comando nada aqui funciona, e é um trabalho sem fim resolver as disputas que surgem entre os membros do grupo. Oh! Coitado de mim!"

E assim, ano após ano, os três leões não pensavam diferente, resignando-se ao que o destino lhes havia reservado.

Essa parábola não é completamente nova para nenhum de nós, não é mesmo? Será que não dá para nos identificarmos com um desses leões? O primeiro leão, o do circo, tem a cara de um empregado, um colaborador, que vai de empresa em empresa, trabalhando anos a fio para patrões e sonhando com o dia da aposentadoria.

O segundo é o autônomo, que depende de si para encontrar trabalho e sustento, e acha que o mundo é uma selva em que luta a cada dia tentando encontrar clientes ou sustento. Seu medo é nunca poder parar.

O terceiro é o empresário, aquele que construiu seu próprio negócio e acha que ninguém faz tão bem quanto ele, que sem o seu comando o mundo à sua volta seria um caos.

Qualquer das situações, na realidade, tem suas vantagens e desvantagens. A nossa tendência, entretanto, é sempre achar que a grama do vizinho é mais verde do que a nossa, que ele é que é feliz no seu modo de viver. Pois bem, e se disséssemos que é possível ser feliz em qualquer uma dessas situações desde que você seja um empreendedor, um realizador de sonhos, qualquer que seja o trabalho que você faça? Impossível? Nem tanto. É o que pretendemos mostrar e, para isso, você precisa primeiro conhecer a natureza do trabalho!

Trabalho é definido pela Física como força x distância. Trabalho é definido pela Economia como a venda do tempo de lazer. Definiremos trabalho como energia ou esforço alocado num plano de construção da realidade. Podemos, com o nosso trabalho, construir nossa realidade.

**A nossa tendência é sempre achar que a
grama do vizinho é mais verde do que a nossa,
que ele é que é feliz no seu modo de viver.**

2 CAPÍTULO

O MITO DO EMPREGO

No Brasil existe um ranking, feito pela revista Exame, no qual são listadas anualmente as quinhentas maiores e melhores empresas do país. Em função de seu nome e poderio econômico, elas têm condições de contratar os melhores profissionais e, portanto, os melhores cérebros; dispõem das melhores facilidades de crédito, uma vez que todos os bancos desejam lhes emprestar dinheiro; e têm acesso às tecnologias mais modernas. Teoricamente, essas organizações teriam tudo para prosperar durante um futuro bastante longo.

O que se observa, contudo, é que a maior parte dessas empresas, lamentavelmente, não consegue nem mesmo sobreviver por muito tempo, mesmo com todas as vantagens de que dispõem.

Passemos à análise de algumas estatísticas assustadoras: o primeiro ranking da Exame, em 1974, relacionou as maiores e melhores empresas de então. Em 1992, contabilizando-se quantas delas ainda faziam parte da lista original, chegou-se à triste estatística de que apenas 223 ainda estavam lá. E o que é pior, das 500 de 1974, apenas 91 haviam subido no ranking, ou seja, tinham galgado posições melhores nesses últimos 18 anos. Isso é um paradoxo, uma vez que já foi dito que essas organizações dispunham de todas as facilidades de recursos humanos, financeiros e tecnológicos, que fariam inveja a qualquer média ou pequena empresa. Examinando-se o ranking de 1994, dois anos depois, essa estatística agrava-se mais ainda. Das 223 empresas que faziam parte da lista em 1974, encontramos apenas 186, e só 85 delas haviam conseguido subir de posição. A maioria absoluta simplesmente desapareceu do ranking, e cada vez um número menor daquelas empresas continuava com "fôlego" para subir de posição.

Analisando a Exame de 2000, o número de empresas que subiram no ranking das 500 caiu para menos de 65. É uma lástima que empresas detentoras de todos os recursos para vencer tenham esse desempenho pífio.

Muitos pensarão que esse fenômeno é fruto do modelo da economia brasileira, com inúmeros planos econômicos, aos quais as empresas não resistiram. Porém, comparando-se com a lista de quinhentas empresas da revista Fortune americana, que inspirou a lista da Exame, observa-se a mesma estatística e, mais ainda, esse vaivém de colocações no ranking americano se dá numa velocidade muito superior à nossa. Em vez de essas mudanças ocorrerem a cada 18 anos, como é o caso da Exame, as transformações se dão a cada 12 ou 13 anos, no caso da Fortune. Fica então a seguinte dúvida: como empresas bem-sucedidas, com os melhores profissionais do mercado, com acesso às melhores tecnologias e linhas de crédito do mundo, podem ter um desempenho tão medíocre?

Vale salientar que cada empresa tem sua cultura. Cabe ressaltar também que há uma estreita ligação entre cultura e tecnologia. Esta última não tem o poder de mudar uma cultura se as premissas de crença e valor forem afrontadas. Para uma tecnologia ser bem-sucedida, é preciso que seja recebida sem muita resistência pela cultura existente. Um exemplo é o caso da secretária eletrônica, na qual muitos relutam em deixar recado, preferindo dá-lo a uma criança, que poderá esquecê-lo. É a crença de que é muito mais confortável passar um recado a uma pessoa do que a uma máquina; outro exemplo é a relutância de algumas pessoas em fazer pagamentos nos caixas eletrônicos, preferindo muitas vezes enfrentar filas enormes para chegar ao caixa e vê-lo autenticar o pagamento em suas contas.

Visto que a tecnologia não tem o poder de mudar a cultura, vale a pena lembrar uma história interessante. No Brasil, na década de 1970, quando da implantação do distrito industrial de Manaus, a política adotada naquele momento para a região era, de um lado, importar uma administração, isto é, supervisores, gerentes e diretores vinham do sul do país e, de outro, aproveitar a mão de obra local. Quando chegavam os meses de setembro e outubro, boa parte do pessoal da linha de montagem, a gente local, com sua cultura própria, se dirigia ao chefe para dizer que só retornaria em março. Para eles, aquele era o tempo de visitar parentes distantes nos igarapés. Os supervisores tentavam em vão negociar com esse pessoal, fazendo-os ver que aquilo não era possível, que as férias só aconteciam durante um mês do ano, após 12 meses de trabalho, e que eles precisariam dos salários para comer, morar, vestir etc. Tudo em vão. Aqueles funcionários diziam a seus chefes que estavam apenas interrompendo, por conta própria, o contrato de trabalho e que o dinheiro ganho, até aquele momento, serviria para manter seu sustento até o seu retorno, e mais, no local para onde iam tinha comida, casa etc. Com a saída, a linha de montagem parava! Esta situação mostra a diferença entre as culturas, de um lado os supervisores, com sua cultura de **Viver para o Trabalho,** e, de outro, os nativos, com a ideia de **Trabalhar para Viver.**

Antes da Revolução Industrial, tínhamos a chamada cultura agrícola. As pessoas viviam com as famílias em unidades praticamente autossuficientes, produzindo os bens necessários para sua sobrevivência apenas. Entre elas reinava a tradição oral, sendo a especialização transmitida de pai para filho, e toda a família envolvia-se na educação de seus membros. A família estava vinculada entre si pelo trabalho e pelo lazer, e era remunerada por produção: se esta fosse boa, todos ganhavam mais dinheiro; caso contrário, os prejuízos eram divididos. Família, trabalho e lazer andavam juntos.

As referências de tempo exerciam também papel preponderante e estavam ligadas basicamente aos movimentos da natureza, como o nascer e o pôr do sol, cheias, secas, fases da lua, e assim por diante.

Ninguém tinha o "ponto" cortado por ter se atrasado meia hora para a colheita do milho... As pessoas viviam felizes com sua cultura, tão diferente da nossa, que foi imposta a partir da Revolução Industrial.

No passado, a família estava vinculada entre si pelo trabalho e pelo lazer, e era remunerada por produção: se esta fosse boa, todos ganhavam mais dinheiro; caso contrário, os prejuízos eram divididos.

Diante disso, cabe-nos perguntar: como a Revolução Industrial, há mais de cem anos, conseguiu impor uma mudança cultural tão radical, como o advento da linha de montagem, sobre a sociedade ocidental? Analisando-se, é possível verificar que houve primeiro uma revolução agrícola, na Inglaterra, em meados do século XIX, que desempregou muita gente no campo, levando-as para as cidades. Foi algo semelhante ao que está acontecendo agora, com a revolução da informática, quando muita gente está sendo demitida em virtude da troca dos processos industriais manuais por uma automação que gera excedentes de mão de obra. Aquele pessoal que migrou do campo para as cidades também não possuía a cultura de "viver para o trabalho", e sim de "trabalhar para viver" (a transição de uma cultura para a outra se deu por meio de uma nova ordem social, política e econômica).

Como fixar aquele homem na linha de montagem permanentemente? Se em Manaus foi um problema, imagine a cena mais de cem anos antes. Essas transformações só tiveram lugar quando as crenças foram trabalhadas. Lembrando que crença é um conceito com um valor agregado, o ponto de partida é definir um conceito.

2.1 O CONCEITO DE TRABALHO

Se desejamos criar a crença de **Viver para o Trabalho**, precisamos definir inicialmente um conceito de trabalho que nos seja conveniente, para, a seguir, agregar-lhe valor. A solução encontrada brilhantemente pela Economia, em apoio à Revolução Industrial, foi a de estabelecer o conceito de que trabalho significa a **Venda do Tempo de Lazer**. Essa definição traz em seu bojo as ideias de Venda do Tempo e de Tempo de Lazer. A maioria de nós não foi ensinada a vender, uma atividade considerada menor, e especialmente vender o seu tempo. Poucos entre nós têm condições de negociar a venda de seu tempo de lazer, e nos damos por muito satisfeitos quando alguém se oferece para comprar nosso tempo de lazer, o que convencionalmente significa **emprego**.

Nossos contratos de trabalho são por tempo indeterminado, a maior parte deles está registrada em moedas caducas, não foram renegociados pelo vendedor diretamente, e nos sentimos felizes de não saber até quando esse comprador vai continuar comprando nossas horas de lazer. E mais, acabamos vendendo nossos 35 melhores anos de lazer para que, talvez, num futuro incerto e sabe-se lá em que condições, desfrutemos do que restar, no que é nosso conceito de previdência e aposentadoria.

Trabalho = Venda do Tempo de Lazer.
Você sabe quanto vale o seu tempo de lazer?
Está preparado para vendê-lo?

Quanto ao tempo de lazer em si, a partir do momento em que definimos trabalho como sendo sua venda, estamos colocando em uma balança, de um lado, o trabalho, e do outro, o lazer. Uma pessoa normal vende, durante a vida, cerca de 33% de seu tempo de lazer; os workaholics venderão cerca de 66% ou 70% e os que chamamos de ociosos vendem cerca de 10% apenas ou, em casos extremos, até 0% (esses são rotulados, com o perdão da palavra, de vagabundos inúteis).

A profundidade dessa definição transcende um pouco a lógica dos fatos. Uma vez definido o que é tempo de lazer, fica fácil afixar-lhe um valor. Se temos na balança, de um lado, o trabalho, e de outro, o lazer, basta colocar o peso do lado que nos interessa.

Foi isso o que aconteceu: todo o peso foi desviado para a variável do trabalho. O momento de transição da cultura agrícola para a industrial ocorreu em razão das mudanças de conceitos e valores.

Para mudar uma cultura é preciso criar um conceito e atribuir-lhe valor. Quem compra o tempo de lazer, o empregador, quer comprá-lo barato, de forma que tudo faz para que ele valha o mínimo possível, ao passo que o trabalho passa a valer muito. O insumo básico, ou seja, o lazer, precisa ser barato de acordo com o ponto de vista do que chamaremos de cultura industrial.

Nesse processo, fomos "adestrados" numa série de falsas verdades: 1- O trabalho enobrece (embora ninguém tenha visto um nobre trabalhar); 2- O ócio é pecado; e 3- O dever deve vir sempre na frente do prazer (só no dicionário isso acontece), ou

seja, toda essa cultura tem como finalidade desvalorizar o lazer, fazendo com que o trabalho se torne o valor máximo. Essa é a cultura voltada para o trabalho. O Estado assumiu a função da educação com um objetivo duplo, isto é, para que os pais se desobrigassem da educação dos filhos e tivessem mais tempo para trabalhar nas fábricas, e para que fosse gerada uma uniformidade do insumo, isto é, um adestramento da chamada mão de obra. À medida que ingressamos nessa cultura industrial, observamos uma série de características que se contrapõem àquelas da cultura agrícola. Na cultura industrial, encontramo-nos cada vez mais dominados por uma pequena máquina atada a nosso pulso que chamamos de relógio. A invenção do segundo e do sistema métrico coincide com a Revolução Industrial; até o século XIX, os relógios não dispunham de ponteiros de segundo.

Na linha de montagem, o importante é que as pessoas entrem e saiam ao mesmo tempo para que a linha funcione simultaneamente. Foi necessário primeiro convencer o trabalhador a ir até a linha de montagem, porque antes ele trabalhava no ambiente doméstico. A disciplina e a preocupação com o tempo tornaram-se fatores fundamentais dentro do processo educacional da linha de montagem. Desde pequenos somos "adestrados" a cumprir horários, bater ponto, ser disciplinados, obedecer aos professores (futuros supervisores), e a não brigar com os colegas, tendo em vista a formação de bons funcionários para uma linha de montagem. Nessa padronização, o Estado se mostra como um enorme guarda-chuva, garantindo àqueles que apostaram no sistema uma longevidade garantida, sob forma da Previdência. Em escala menor, as empresas também reproduziram esse modelo, criando ambientes seguros e protetores. O surgimento do capitalismo propiciou o surgimento do socialismo.

O conceito de socialismo adveio da Revolução Industrial, ou seja, a sociedade é mais importante que o indivíduo, e o governo, dentro de um aspecto social, é o grande guarda-chuva que provê segurança

para toda a sociedade. O governo torna-se a grande mãe. Em escala menor, as empresas reproduziram o modelo, acenando com aspectos de segurança, futuro promissor e aposentadoria complementar.

Tudo isso em nome da famosa segurança. A ideia de que estamos empregados, com nossas horas de lazer vendidas e registradas numa carteira assinada, nos dá a sensação de estarmos protegidos das adversidades, tanto no presente quanto no futuro. Essa é a nossa cultura, a qual passamos adiante para nossos filhos. Passamos a viver o presente com cada vez mais medo do futuro.

O conceito de "trabalhar numa grande empresa" está intimamente associado à segurança, embora na prática não seja bem assim, pois, como vimos, muitas organizações vão à bancarrota antes que tenhamos tempo de nos aposentar. Na cartilha do processo produtivo, a mão de obra era vista como um recurso renovável, e ninguém era insubstituível. Na linha de montagem, cada trabalhador especializava-se de tal forma na própria tarefa que nenhum deles conseguia ter uma visão global da operação. É aí que surge uma terceira figura: o administrador, responsável por fazer com que os insumos, a mão de obra, trabalhem dentro de uma unidade produtiva do detentor do controle do capital. Nesse processo desvalorizou-se o trabalho em detrimento do capital.

2.2 O PARADIGMA DO EMPREGO

"Pior do que ganhar um salário mínimo é ficar desempregado..."

No caso dos colaboradores, ou empregados, gostaríamos de salientar que, a princípio, a menos que tenhamos o controle das ações de uma empresa, ninguém é dono dela. Na condição de empregados, estamos apenas vendendo nossos preciosos anos de lazer, com saúde e disposição, tendo em vista, a exemplo da história da cigarra e da formiga, a chance de usufruir no futuro, sabe-se lá em que condições de saúde e energia, alguns poucos anos de lazer restantes.

Pela ótica de mercado, decidimos vender e registrar essa venda de nosso tempo de lazer para um único cliente (o que não deixa de ser um alto risco), num contrato de trabalho por tempo indeterminado (para a maioria, uma bênção), e em condições de preço e prazo provavelmente em moedas que já não mais existem. Todas essas condições foram impostas por nosso cliente (a empresa) e, naquele momento, era a melhor condição de negociação. Ora, o mundo mudou, as moedas mudaram, nós mudamos, e o contrato continuou o mesmo. Isso é assim porque nós, como fornecedores de mão de obra, concordamos com esse estado de coisas, sempre na esperança de que o cliente-empresa nos reconhecesse, nos desse aumento, treinamento e outras coisas, numa postura totalmente passiva.

Porém, na condição de fornecedores de mão de obra, desatualizados e vendendo para um único cliente, precisamos dar graças a

Deus de ter esse cliente. Agora, gostaríamos de lembrar que, como "fornecedores, vendendo horas de lazer", estamos sujeitos às regras do mercado competitivo. Ou seja, à medida que nossos concorrentes passarem a fornecer produtos (horas de lazer) mais qualificados e produtivos (menor custo), é pouco sensato que nosso cliente (empresa) continue querendo comprar nosso produto atual.

Nossa carreira e segurança são de nossa absoluta competência. Tentemos nos concentrar cada vez mais sobre as necessidades do cliente (empresa) e nos tornar mais qualificados e competitivos do que os concorrentes (pares).

Preocupemo-nos com nosso desenvolvimento para construir nossa carreira, a atual ou outra qualquer. Só sobreviverão aqueles que conseguirem se manter, a exemplo das demais organizações, focados nos clientes, com produtos atuais e competitivos frente aos concorrentes. Essa é a visão de empregabilidade que nos projetará à nossa segurança e progresso.

CAPÍTULO 3

O QUE É SER EMPREENDEDOR?

Como vimos na história dos três leões, não é só a "prisão" do emprego, o viver para trabalhar, que pode nos causar insatisfação. A insatisfação é inerente ao ser humano porque ele é um ser feito de necessidades e, principalmente, de desejos. Desejos, e sonhos também, são parte da nossa essência, e a condição de satisfazê-los pode se tornar maior do que a própria necessidade de sobreviver.

Thomas Alva Edison nasceu em Ohio, estado americano, em março de 1847. De família pobre, não era muito assíduo na escola, pois desde cedo cultivava hortaliças que vendia nas feiras, para ajudar à família. Foi educado em casa, por sua mãe, e jovem ainda interessou-se pela mecânica. Aos 12 anos vendia jornais e livros, aos 18 publicava um jornal cuja oficina ficava num vagão de trem abandonado. Aos 30 anos inventou o fonógrafo e alguns melhoramentos para uma invenção já existente, o telégrafo. Aos 31, conseguiu fazer brilhar por 48 horas consecutivas uma lâmpada elétrica. Dez anos depois, fundava uma pequena empresa, a General Electric, ou GE, cujo principal departamento era o de pesquisas, dirigido por ele. Ao longo dos 85 anos de sua frutífera vida, registrou mais de 1.300 patentes de inventos.

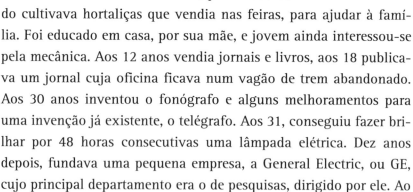

Alberto Santos Dumont nasceu em Minas Gerais, em julho de 1873. De família rica e de posses, era um apaixonado, desde a infância, pelas histórias de ficção de Júlio Verne, principalmente pelas que traziam um sonho também seu: o de que o homem poderia, um dia, voar. Estudou em Paris e de lá trouxe um carro, um dos primeiros no país, com o qual voava a impressionantes 40 km/h, pelas ruas de São Paulo. Aos 19 anos, é emancipado pelo pai e recebe sua parte na herança, partindo para Paris. Lá, faz do voar seu sonho, sua ideia permanente e única, à qual dedica todo o seu tempo e dinheiro. Construindo um balão após o outro, até chegar à sua aeronave, o 14-Bis, Santos Dumont bate recorde atrás de recorde, arrisca a própria vida, para alcançar seu objetivo, fazer o homem voar. Nunca patenteou nenhum de seus inventos, nem recebeu qualquer soma em dinheiro por eles. O dinheiro dos prêmios que recebia pelos recordes e apostas era dividido entre seus auxiliares na construção das máquinas e os pobres dos subúrbios de Paris.

Duas histórias de empreendedores que, cada um a seu modo, levaram o homem mais adiante, rompendo paradigmas e barreiras, de cultura e crenças, acreditando que seus sonhos eram ideias realizáveis, e pondo essa realização em prática, pelos meios que lhes foram possíveis.

Pobres ou ricos, ambiciosos ou altruístas, empreendedores são aqueles que acreditam que podem **fazer a diferença!**

CAPÍTULO 4

AS TRÊS MANEIRAS DE SER EMPREENDEDOR

Como você já viu, na parábola dos três leões, você pode ser um empreendedor atuando em qualquer um desses três níveis:

◊ Sendo um colaborador, ou empregado, bem-sucedido (em inglês, *intrapreneuring*). Sua opção pode ser a de trabalhar dentro de uma estrutura, uma empresa, e empreender com base no campo que lhe é oferecido para atuar, dentro dessa organização. Podemos citar vários desses empreendedores, mas um entre eles tornou-se um ícone: Jack Welch, que construiu sua história de empreendedor como executivo da General Electric e que, durante sua gestão como presidente, elevou o valor de mercado da empresa de US$ 14 bilhões para US$ 410 bilhões, transformando-se no executivo mais admirado e imitado do século.

O maior obstáculo, neste caso, é a chamada Síndrome de Ícaro. Ícaro, filho de Dédalo, aprisionado no labirinto com seu pai, que ajudara Ariana e Teseu a matar o Minotauro, consegue evadir-se com o auxílio de Pasífae e graças às asas que Dédalo lhe fez, e que ele fixou com cera sobre os ombros. Ícaro planou por cima do mar. E

desprezando todos os conselhos de prudência, voou cada vez mais alto, cada vez mais perto do Sol. A cera derreteu e ele precipitou-se no mar.

Essa síndrome reflete o medo que alguns colaboradores têm de se arriscar em alturas (responsabilidades, projetos) que lhes parecem intimidadoras e "sofrer" o mesmo fim de Ícaro: "O que acontece comigo se o meu plano não der certo? Posso perder meu emprego!" O que acontece a quem é acometido por essa síndrome é que o sujeito não arrisca além de determinado ponto que ele julga seguro e não se torna realmente um empreendedor.

☞ Sendo um autônomo bem-sucedido, aquele que opta por trabalhar por conta própria, assumir todo o controle de seus empreendimentos. Seu trabalho é sinônimo de si mesmo, e ele se assume assim 24 horas por dia! Aqui podemos tomar como exemplo grandes jogadores de futebol, cantores, artistas, todos aqueles que arriscam sua sobrevivência, e a de seu sonho, por conta própria, como fez Santos Dumont. Um nome que vem à mente é o de Steven Spielberg, cineasta americano com uma visão única e genial, que trabalhou como contratado de grandes estúdios de Hollywood, oferecendo suas ideias e criando os maiores "estouros" de bilheteria da história do cinema com filmes como: "Tubarão", "E.T. – O Extraterrestre", "Indiana Jones"; "A.I. – Inteligência Artificial" e muitos outros sucessos.

Aqui, o maior obstáculo é a chamada Síndrome de Hércules. Hércules foi um personagem mitológico que conseguia realizar proezas sobre-humanas, graças à sua força e coragem lendárias. O problema é o autônomo se achar um Hércules: nossa força e saúde têm um limite natural, e existe uma carga de trabalho além da qual não podemos suportar. O típico autônomo depende única e exclusivamente de si para ganhar o seu sustento, e mais: ele não pode falhar! Afinal, só Spielberg pode fazer um filme de Spielberg. Para tornar-se um empreendedor desse tipo, é preciso saber somar esforços com outros empreendedores, é preciso saber dividir e delegar tarefas a auxiliares e, principalmente, planejar seu futuro, para quando a idade tiver diminuído a força de "Hércules".

◯ Por fim, é possível tornar-se um empreendedor sendo um empresário bem-sucedido. Sua opção é a de abrir seu próprio negócio e construir um "império" a partir do zero. Confiante na sua capacidade administrativa e em sua visão de futuro, você investe tudo o que pode na criação e desenvolvimento da sua empresa. Nessa categoria estão aqueles que acreditam que é possível desenvolver um sistema de gestão em torno de seu sonho, transformando-o em ideia e, com base no planejamento, concretizando-o em realidade. Não há como não nos lembrarmos de Bill Gates como exemplo de empreendedor deste tipo.

William Henry Gates III, ainda adolescente, fundou a Microsoft, em 1975, junto com seu sócio Paul Allen, na garagem da casa de seu pai. Eles, na verdade, eram bons programadores, mas não eram gênios. Sua grande ideia foi típica dos empreendedores deste tipo: comprar um sistema operacional que impulsionaria sua empresa, o MS-DOS, que depois de adaptado pela Microsoft se tornaria um grande sucesso. Montar a primeira empresa dedicada exclusivamente à produção de programas foi a grande visão de Gates. Na época, acreditava-se, não havia mercado para computadores pessoais. Gates, entretanto, achava que o futuro estava aí e construiu um império acreditando nisso.

O grande problema desse tipo de empreendedor é a Síndrome do Faraó. Os faraós do antigo Egito são um símbolo do poder absoluto, da concentração das decisões em torno de uma só pessoa, que carrega o mito da infalibilidade: o Faraó não erra, sua palavra é lei! Outra das "qualidades" do Faraó é ser imortal, ninguém pode substituí-lo. O empreendedor deste tipo, para evitar tal síndrome, precisa cercar-se de colaboradores dos quais possa ouvir críticas, precisa enxergar os fatos tendo em mente o que é melhor para a empresa que criou e, algumas vezes, mesmo em detrimento de seu orgulho pessoal, ceder espaço para administradores profissionais no comando de seu negócio. E um dia, por fim, preparar sua sucessão, para que sua ideia possa continuar além de si próprio.

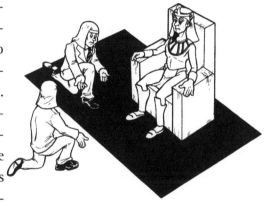

CAPÍTULO 5
QUALIDADES DO EMPREENDEDOR

O que é necessário para ser um empreendedor? Vamos responder a essa pergunta tentando fazer uma reflexão sobre o que acontece a partir do sonho. Como vimos anteriormente, o pré-requisito básico do empreendedor é ter um sonho. Entretanto, para o sonho deixar de ser apenas sonho, precisamos assumir nossa decisão de transformá-lo em realidade. Mais adiante, vamos falar sobre decisões e como tomá-las.

Depois de tomada a decisão de seguir seu sonho, é preciso disciplina para planejar suas ações e executá-las, visando à realização do sonho. Finalmente, precisamos saber como vender para os outros o nosso sonho, a nossa ideia! Então, seguindo esse caminho, comecemos com o sonho: quais devem ser as características para sabermos se nosso sonho é realizável?

O homem tem essa qualidade única, o poder de sonhar e, sonhando, moldar seu futuro. Transformar o sonho em realidade é transformar o futuro em presente. Portanto, o sonho deve ter algumas características:

1– O sonho deve ser motivador. Isto é, as pessoas devem se sentir inspiradas por esse sonho, devem conseguir acreditar na visão de futuro que ele traz e sentir também que serão beneficiadas por ele. Afinal, tendemos a apoiar aquilo que nos trará algum benefício.

2 – O sonho deve ser abrangente. Não deve estar limitado por visões egocêntricas, preconceitos ou necessidades de um grupo determinado. O sonho deve ter a qualidade de pertencer ao mundo para nele proliferar. Voe alto, pense maior!

3 – O sonho deve ser compartilhado. Como conseguir que outros apoiem seu sonho se não divide com eles sua visão? Será que seu sonho não pode ser melhorado com as ideias de outras pessoas? Quanto mais pessoas puderem participar da realização do sonho, ou contribuir de alguma forma para isso, mais pessoas estarão dispostas a apoiá-lo na realização.

Como já dissemos antes, sonhar pode moldar o futuro, e para moldarmos o futuro com base em nossos sonhos quatro qualidades se tornam fundamentais e estão presentes na vida de vários empreendedores famosos.

Sonhar pode moldar o futuro.

A primeira delas é a VISÃO, isto é, saber enxergar o que está acontecendo, saber ver adiante. Um dos grandes exemplos disso é a história de King Gillette.

Todos já ouviram falar do nome King Gillette. Você associa esse nome a uma grande empresa, fabricante, entre outras coisas, de aparelhos de barbear. O que esse homem inventou? Você sabe responder?

Esse homem, King Gillette, não inventou nada! Surpreso? Esse cara era um vendedor no final do século XIX. Estava muito interessado num aparelho novo, uma invenção recente, o aparelho de barbear que, ele achava, podia ser um grande negócio. Gillette percebeu que os aparelhos eram artesanais, vendidos a preços muito altos, quase o mesmo custo de dez idas ao barbeiro. Se você vivesse naquela época, certamente preferiria ir ao barbeiro para aparar a barba do que comprar aquela geringonça tão cara.

Ora, Gillette sabia que o uso do aparelho era prático, mas as lâminas gastavam com o tempo, sendo necessário comprar outro aparelho (que naquele tempo não era descartável, pois era feito de metal e madeira). Gillette então fabricou seu próprio aparelho, usando lâminas que podiam ser trocadas facilmente e que só se encaixavam no aparelho que ele fabricava. Passou a vender seu aparelho por um preço muito baixo, e as lâminas para reposição a um preço mais baixo ainda, centavos.

Sua ideia foi um sucesso! Os aparelhos eram baratos e as lâminas, além de baratas, eram facilmente trocadas. Era o que o público queria! A partir daí, você conhece a história. Gillette montou toda uma indústria, ficou milionário e, por consequência, seus descendentes, tudo isso baseado na sua visão, em tentar descobrir o que seu público queria, ou ainda nem sabia que queria.

Ele soube enxergar o que ninguém tinha ainda percebido: mais do que um aparelho de barbear, as pessoas queriam praticidade a um baixo custo. Ele anteviu, moldou o futuro próximo quando imaginou que, vendendo aquele aparelho a um preço extremamente baixo, colocaria aquela comodidade ao alcance de qualquer cidadão, e ganharia, ao longo do tempo, muito mais do que estava investindo. Esteja atento, observe ao seu redor, veja o que ninguém ainda vê.

A segunda qualidade é **ACREDITAR**, isto é, crer que a sua visão pode ser realizada. Um garoto de vinte e poucos anos acreditou em um sonho, uma visão: a de que um dia todos teriam computadores em suas casas e precisariam de programas para usá-los. Esse garoto, junto com um colega, criou uma empresa na garagem da casa de seu pai, acreditando apenas nesse sonho, numa época em que computadores eram do tamanho de geladeiras e apenas grandes multinacionais os compravam. Nome da empresa que o garoto criou? Microsoft! Nome do garoto? Bill Gates. Você já viu isso antes, não é?

A terceira qualidade é a **DISCIPLINA**, a habilidade para fazer **passo a passo**, um pouco a cada dia, isto é, ter a disciplina necessária para se empenhar em cada pequena tarefa para atingir um sonho distante. Um dos maiores exemplos dessa capacidade é uma pessoa célebre pelo que realizou, o carnavalesco Joãosinho Trinta. Montar um desfile de escola de samba é tarefa das mais ingratas. Imagine o número (contando por milhares de figurantes de uma escola de samba) de fantasias, adereços, alegorias, figuras, máscaras, esculturas, e por aí vai, que é necessário a um desfile de carnaval. Imagine coordenar o trabalho de dezenas de costureiras, artesãos, eletricistas, maquinistas e outros profissionais. Ensaios com figurantes, bateria, carros alegóricos. Tudo isso para um desfile, a meta, que dura por volta de uma hora, num único dia do ano, quando é tudo ou nada, vitória ou esquecimento! E depois, no dia seguinte, começar a planejar o carnaval do próximo ano! Imaginou?

E, por último, mas não menos importante, a **PERSEVERANÇA**, isto é, a certeza de que seu sonho deve ser levado adiante, até o fim, até sua realização. É muito fácil confundir essa qualidade com teimosia. Quando persistimos em um caminho, é bom sempre estarmos atentos a essa diferença.

Em livros de autoajuda ou de ensinamentos espirituais, existem longas explanações sobre os poderes da perseverança. Perseverar no caminho é fundamental para se obter aquilo que se quer. Mas...

5.1 O QUE É PERSEVERANÇA? O QUE É TEIMOSIA?

Teimosia é quando, apesar de todas as evidências de que seu objetivo não está de acordo com suas possibilidades, apesar de você não estar se preparando para o caminho que pretende seguir, apesar de você não assumir as responsabilidades pelo seu sonho, mesmo assim, você insiste naquele caminho.

Perseverança, por outro lado, é quando você se propõe um objetivo e se prepara para o caminho a seguir, assume as responsabilidades que precisa assumir e, apesar das dificuldades e reveses, apesar de ninguém mais acreditar, você insiste nele até atingir sua meta!

Um dos maiores exemplos de perseverança, num empreendedor, é a do indiano Mahatma Ghandi. Resumindo sua fantástica história, ele foi um líder político e espiritual de seu povo, no século XX, que libertou a Índia de séculos de domínio de uma superpotência, a Inglaterra, da qual era colônia, apenas com o poder da palavra, pregando a resistência pacífica, e perseverando em sua crença e sua luta durante mais de quarenta anos, até a vitória final, em 1947, sem armas, sem exércitos. Seu legado foi o de que o homem pode conseguir e conquistar o que quiser apenas com sua força moral, pacificamente, perseverando no seu sonho, porque, no final, a verdade sempre vence.

Mas você vai dizer: "Mas esses caras eram gênios, predestinados!" ou então: "Eu não tenho essas qualidades!" Será? O que todas essas pessoas tinham em comum? Gandhi, Bill Gates, Santos Dumont, King Gillette, Thomas Edison?

Todas essas pessoas, gênios, predestinados, eram pessoas normais, desconhecidas do grande público, como nós, antes de se tornarem famosas. Essas pessoas colocaram um ideal no seu trabalho, na sua atividade, que as ajudou a alcançarem seus sonhos. Eles cultivaram, por meio de disciplina, as qualidades necessárias para o que queriam realizar. Você também pode encontrar em si mesmo a visão necessária, a força para acreditar, a disciplina para cumprir todas as tarefas, passo a passo, e a perseverança para realizar o que se propõe a fazer: conquistar o seu sonho!

Todas essas pessoas, gênios, predestinados, eram pessoas normais, desconhecidas do grande público, como nós, antes de se tornarem famosas.

DECIDINDO SEU FUTURO

6.1 DISPONIBILIDADE PARA MUDAR

Durante mais de vinte anos de vida profissional, em nossa experiência como consultores e professores, pudemos verificar um padrão de comportamento nas pessoas e instituições com as quais trabalhamos: os anos passam e pouca gente muda sua maneira de pensar, seu modo de encarar a vida, o trabalho e as outras pessoas.

Você também já deve ter verificado isso. Quanta gente toma resoluções de Ano-Novo, compromete-se a mudar de vida e, depois de repetir isso por muitos anos, vemos que não saíram do lugar em que estavam: não fizeram aquele curso que pensavam fazer, não continuaram com aquele esporte que iria fazê-los entrar em forma, desistiram de mudar de cidade, de carreira, de vida, enfim. Você pode dizer: "Isso é uma opção de vida: não mudar." Certo, mas o que com certeza podemos verificar é que essas pessoas não mudaram, mas a vida mudou de qualquer jeito: elas envelheceram, suas atividades exigem hoje mais conhecimento do que no passado, suas famílias cresceram, filhos foram à luta e muito mais aconteceu. Só elas não mudaram de atitude e, em seus rostos, vemos que o tempo as deixou para trás.

Tornar-se um empreendedor é, por si só, empreender a mudança. No mundo dos negócios e das carreiras, com o qual lidamos no dia a dia, isso é ainda mais nítido. Ou você nunca ouviu falar de alguém demitido pois já não se enquadrava nas exigências da empresa em que trabalhava? Não conhece alguém que tenha se obrigado a fazer cursos de qualificação para poder continuar empregável?

Bem, em todas essas pessoas, tanto as que foram deixadas para trás, como aquelas, feito você, que estão lutando para não ficarem paradas no tempo, uma característica era comum: todas tinham dificuldade em fazer mudanças em suas vidas. Claro! Somos seres humanos e sabemos que **mudar dá trabalho!**

Tornar-se um empreendedor é, por si só, empreender a mudança.

Talvez você seja muito novo para saber disso, mas há vinte anos não havia internet! Bom, pelo menos não a internet como a conhecemos hoje. Poucas pessoas ou empresas tinham computadores pessoais no Brasil. A comunicação entre empresas era feita por telefone, documentos datilografados ou por meio de uma máquina chamada telex.

Essa máquina fazia o seguinte trabalho: a máquina perfurava numa fita o texto que um operador ia datilografando no teclado. Após a perfuração da fita, esta era colocada de volta na máquina que então "lia" os códigos e os transmitia, via cabos telefônicos, a uma outra máquina de telex na empresa destinatária da mensagem. Esse processo todo, feito por um bom operador, demorava alguns minutos. Um belo dia surgiu o aparelho de fax e, poucos anos depois, o e-mail! O que aconteceu com os operadores de máquinas de telex?

A resposta é fácil: tiveram de mudar suas qualificações, ou então se tornaram dispensáveis, assim como as máquinas de telex. Quem se lembra da régua de cálculo? Ela foi personagem do filme "Apolo XIII", com Tom Hanks. Estava lá, quando mandaram a missão à Lua, em 1973. Ela e os dois grandes computadores do Centro Espacial em Houston. Alguém lembra? E o Fusca do vovô? Quem aprendeu a dirigir num Fusca? E por aí vai, a lista é imensa.

E você? Sente-se como um operador de máquina telex perante a vida?

Lembre-se de que você é o responsável por sua empregabilidade ou pelo sucesso de seu empreendimento.

O primeiro passo para planejar seu futuro é aprender a mudar e não ser ultrapassado na estrada da vida, ou ficar sentado à beira do caminho esperando que a vida volte e apanhe você novamente. A vida dá voltas, você dirá. E eu direi: dá voltas sim, mas não em círculos, e sim como uma grande espiral, assim como nosso sistema solar, em direção à estrela Vega, assim como o universo todo, nunca passando no mesmo lugar novamente, mesmo que nossa limitada visão nos dê essa impressão. Sempre para cima e para a frente!

Saber mudar é tão importante que, se não fosse por essa qualidade do ser humano, de se adaptar a mudanças, provavelmente não estaríamos até hoje neste planeta. Você pode achar que não, mas cientificamente está comprovado: somos animais extremamente adaptáveis e, por causa dessa característica, dominamos o planeta, com todas as conotações, boas ou ruins, que isso possa significar. Senão vejamos.

Imagine o lugar onde você está agora, lendo este livro, há quinhentos mil anos. Só havia florestas. Imaginou? Pense num ser semelhante a nós, um hominídeo, que andava por aí, nessas paisagens.

Era um ser desprotegido. Sua situação lhe causava extremo desconforto. Ele vivia de colher frutas nas árvores. Era caçado por feras maiores e mais adaptadas à caça do que ele, e à noite, era obrigado a se esconder em grutas e cavernas, para não ser devorado durante o sono. Daí o nome: homem das cavernas. Ele não vivia muito, nem conseguia criar grupos grandes, pois muitos de seus filhotes eram devorados ou morriam por falta de meios de serem cuidados e alimentados. Ele se sentia ameaçado, ignorante e sem futuro. Alguma semelhança? Pois bem, ele tinha a ferramenta necessária para mudar a situação: o raciocínio. Foi a base da mudança. Pensar fez com que nosso ancestral descobrisse que, por intermédio do dom de manipular recursos da natureza à sua volta, ele podia desenvolver ferramentas, instrumentos de caça, meios de se defender, criando assim um novo conhecimento.

Daí em diante, nosso ancestral deixou de ser caça para virar caçador! Ele transformou um galho de árvore num porrete. Começou a se defender das feras, a domesticar animais, a poder plantar e cuidar de sua colheita, a criar família e a viver uma vida mais longa e menos ameaçada. Ele criou uma nova situação, favorável a si mesmo, com a atitude de querer mudar e gerar novos conhecimentos.

E parou por aí? Não. Novas situações e novos conhecimentos servem durante algum tempo, e logo vem a vida nos dizer que essa situação não nos serve mais. Novamente vem aquela sensação de desconforto, a necessidade de mudar para aproveitar o momento, para tornar a situação confortável para nós, outra vez. Vai acontecer, e mais uma vez vamos ter de mudar, e mudar, e mudar. Desde o começo dos tempos, sempre para a frente, sempre para o degrau de cima.

6.2 O ATO DE DECIDIR

Nesse processo de mudança, você pode assumir dois papéis: o de vítima, no qual você está à mercê dos fatos, dos outros e do ambiente; ou o de protagonista, em que você resolve assumir as rédeas de seu destino.

Lembre-se de que o passado só existe em nossas mentes, por meio das lembranças, e o futuro, igualmente, só existe em nossa mente pelos nossos sonhos. Na realidade só existe o presente, o resto é tudo plano mental.

O homem é o único animal com competência de moldar o futuro, mas isso se dá em cima de decisões realizadas no presente.

Passamos toda a nossa vida tomando decisões, seja consciente ou inconscientemente. Esse processo só tem fim quando, à noite, exaustos, vamos para a cama, cair no sono, ou então ao darmos o último suspiro. Desde o momento em que despertamos, nosso primeiro pensamento já envolve algum tipo de decisão: sair ou não da cama, ficar ou não mais cinco minutos, tomar banho ou não, e assim por diante. Estamos o tempo todo decidindo. A grande dúvida é: vale a pena ou não decidir? Uma vez que vivemos assaltados por esses dilemas diários, por que não passarmos a tomar decisões de forma consciente?

Existe um mito de que "O bom decisor nasce feito...": é o mito dos grandes decisores, aqueles que tomam as decisões certas, sempre. Tudo nos leva a crer que tomar decisões é uma especialidade, que só aquelas pessoas detentoras de um dom divino teriam a capacidade de decidir acertadamente, motivo pelo qual se tornariam uma referência para o restante da sociedade. De acordo com essa ótica, existiria a crença de que o bom decisor estaria praticamente predestinado desde o nascimento a transformar-se em um Henry Ford, um Lee Iaccoca, um Akio Morita ou outros ícones bem conhecidos da arte decisória.

Viver é decidir!

O que a prática nos mostra é que eles foram, sem sombra de dúvida, bons decisores, que tomaram grandes decisões e obtiveram resultados extraordinários, mas, em termos genéricos, são pessoas que decidem normalmente como as demais. O mito de que o grande decisor já nasce feito cai, assim, por terra, quando continuamos analisando outras decisões, desses mesmos personagens, que resultaram em retumbantes fracassos.

Existe uma premissa, base de todo esse capítulo, e da qual já falamos alguma coisa, que é a seguinte: só mudamos porque precisamos e não porque desejamos, ou seja, existe uma resistência natural dentro de nós à mudança. As transformações só se fazem baseadas na necessidade. Além disso, possuímos uma crença natural na segurança, isto é, idealizamos um emprego duradouro, um casamento para o resto da vida, felicidade e saúde enquanto vivermos, e assim por diante. A cultura dos dias de hoje, que tem um impacto no processo individual, valoriza extremamente a segurança. Temos muito medo de perdê-la. Mais adiante, veremos que todo o processo decisório parte, a princípio, de uma ideia de perda.

6.3 Ciclo da mudança

Passemos agora às mudanças no plano individual. Para tal, utilizaremos uma questão do tipo sair ou não do emprego, terminar ou não o casamento, enfim, qualquer coisa. O processo começa no primeiro quadrante da Figura 1.

Figura 1 – Ciclo da mudança

	PRESENTE **Não Mudar**	FUTURO **Mudar**
BENEFÍCIO	Racionalização	Sonho
CUSTO	Sofrimento	Medo

No primeiro quadrante, avaliamos que existe um custo em não mudar e, portanto, surge uma necessidade de mudança. Sendo assim, o estado presente gera um sofrimento; a pessoa está insatisfeita com o trabalho, o que a leva ao desejo de mudança. Logo a seguir, no segundo quadrante, ela racionaliza e avalia os benefícios de não mudar, vantagens do estado presente. Bem ou mal, aquele emprego ou casamento tem seus pontos positivos, levando naturalmente a uma acomodação que afasta a ideia de mudança. A esse quadrante damos o nome de Fase da Racionalização. Mas tal estágio não é definitivo. Superada essa fase, a pessoa ingressa no terceiro quadrante, em que passa a vislumbrar e avaliar as vantagens de um momento futuro, vantagens da mudança.

Provavelmente existirá a alternativa, ao trocar de emprego ou de casamento, de ser mais feliz, e esse é o objetivo básico do processo decisório individual. Esse quadrante é chamado de Fase de Sonho ou Desejo, e ele marca o retorno da vontade de mudança. Após esse estágio, a pessoa ingressa finalmente no quarto quadrante, no qual passa a avaliar o custo e os riscos do estado futuro, ou seja, da mudança. Esse custo vem caracterizado pelo medo. Uma série de receios aparece fazendo com que a pessoa evite a mudança. Assim, o quarto quadrante é denominado Medo. Mas o processo não acaba aí.

A pessoa vai então fazer uma reavaliação do primeiro quadrante, uma vez que a necessidade de mudança foi refreada pelo quarto quadrante e pelo fato de ela não se sentir feliz. Assim, o estado de sofrimento retorna e tem lugar uma avaliação do custo de não mudar, isto é, do estado presente. O desejo de transformação voltará, fechando o ciclo no sentido horário, do primeiro para o quarto quadrante, até o momento de decisão em algum dos quadrantes.

É bom que se observe, ao analisarmos detalhadamente esses quadrantes, que dois deles, o primeiro e o terceiro, se referem à mudança. São aqueles ligados ao sofrimento e ao desejo, respectivamente. Por outro lado, o segundo e o quarto quadrantes são marcados pela racionalidade e pelo medo, que evitam a mudança. Assim, podemos traçar dentro desse modelo um vetor relativo ao primeiro e terceiro quadrantes, ou seja, o **Vetor da Mudança**. No segundo e quarto quadrantes teremos outro vetor, o da não mudança, que chamaremos de **Vetor da Estabilidade**.

Analisando-se o processo em sentido horário, veremos que esses vetores são alternadamente colocados à disposição do decisor, isto é, ora queremos mudar, ora não queremos mais. Essa dualidade provoca no decisor um estado de estresse e conflito, que será mais bem analisado na Figura 2.

Figura 2 – Dualidade do processo decisório

Na Figura 2, podemos avaliar em que momento o decisor tomará a decisão, em face do ciclo de mudança-não-mudança. É fácil observar em um dos lados, na abscissa, o fator tempo, e na ordenada, à esquerda, a capacidade de conviver com o conflito. À direita, temos a avaliação do risco. Todo o processo é uma sucessão de picos, um sobe e desce, mas geralmente numa ascendente.

Por exemplo, consideremos o processo de mudança de emprego. Há momentos em que existe o conflito, isto é, desejamos mudar; em outros, nos acomodamos à situação presente. Até chegar o momento em que não podemos mais tolerar o conflito e resolvemos assumir o risco da decisão. O ponto de decisão, portanto, está ligado a dois fatores, ou seja, à avaliação de risco e à capacidade de conviver com o conflito. A avaliação de risco é uma função interna, ligada basicamente à experiência e à própria maturidade. Quanto mais vivemos, mais nos tornamos experientes, avaliando melhor a complexidade da realidade que nos cerca e percebendo um grau maior de risco. Isso ajuda a explicar por que os jovens são mais impetuosos, decidindo mais rápido, enquanto os velhos mostram-se mais ponderados.

Quanto à capacidade de conviver com o conflito, as pessoas menos estruturadas ou menos propensas a lidar com o estresse serão, certamente, as primeiras a tomar decisões. Em suma, quanto menos tolerarmos as situações de estresse, mais rápido chegaremos ao ponto de decisão. De posse desse modelo, podemos afirmar que só mudaremos o padrão decisório de alguém se conseguirmos envolvê-lo numa menor percepção de risco ou fazer com que conviva melhor com o estresse inerente à tomada de decisões.

A avaliação de risco está ligada basicamente
à experiência e à própria maturidade.
Quanto mais vivemos, mais nos tornamos experientes,
avaliando melhor a realidade que nos cerca
e percebendo um grau maior de risco.

Isso implica mexer com valores, sejam eles mentais, morais ou espirituais, que terão grande influência sobre o ciclo aqui apresentado. Um outro ponto importante é que o estresse vai aumentando até um momento em que se torna insuportável. Nessa hora, o decisor, aquele que toma a decisão, em qualquer circunstância, resolve de fato assumir as rédeas juntamente com os riscos que acompanham a tomada de decisão. E no instante em que decide, mesmo que essa decisão se dê apenas no plano mental, sem nenhuma ação física, o estresse retorna ao ponto zero. A tensão que vinha sendo acumulada no processo decisório é eliminada. Podemos dizer, portanto, que o processo decisório é basicamente uma luta contra o estado de estresse e tensão x risco. Essa percepção de risco está intimamente ligada a um sistema de informação, obtido do ambiente externo, que é confrontado com os valores internos. Quanto à questão de conviver com o estresse, ela está relacionada aos padrões físicos, éticos, espirituais, morais e mentais.

Em um processo decisório difícil, quando a pessoa toma uma decisão, chega a ser fisicamente visível a leveza e o alívio que adquire, após ter feito uma opção, mesmo que essa não tenha ainda sido posta em prática. Você já percebeu isso com você mesmo?

DISCIPLINA MENTAL

"Não existe amostra grátis..."

Um dos quesitos básicos para você se tornar empreendedor é saber que não existe amostra grátis, ou seja, ninguém pode tirar algo do nada, ou ainda todo benefício traz implícito o fato de que se vai incorrer em algum custo.

No caso da amostra "grátis", vale a pena lembrar que o consumidor que já comprou anteriormente o produto ou que vai comprá-lo futuramente vai pagar obrigatoriamente por aquela amostra "grátis" que está usufruindo. Não se iluda com mágicas do tipo: passagem de graça para estudantes, idosos, loiros, morenos etc. Tenha certeza de que quem paga a conta são os outros passageiros.

Não acredite em repouso remunerado de graça: isso já está embutido no orçamento da empresa e é apenas uma questão de ponto de vista, querem ver?

O que você prefere?

1) Receber R$ 100,00 por dia e ganhar, "grátis", mais R$ 200,00 pelo fim de semana, totalizando R$ 700,00 na semana ou,
2) Receber R$ 140,00 por dia e NÃO receber NADA no fim de semana, totalizando os mesmos R$ 700,00?

Psicologicamente parece ser legal ganhar de graça os R$ 200,00 de fim de semana, mas, lembre-se, você pode ter o ponto ou até o dia descontado se chegar atrasado.

O mesmo raciocínio ocorre com as férias, décimo terceiro salário, adicional de férias etc. Tudo de "graça". Em princípio sabe o que aconteceria se os colaboradores passassem a receber mais durante o ano, não ganhando nada nas férias nem no "13º mês", nem depois das férias? Acreditamos que a maior parte deles chegaria no Natal sem dinheiro para os presentes de seus filhos, sem o dinheiro para pagar o IPVA e IPTU no início do ano, enfim um caos para a economia. E sabem por quê? Porque não tiveram disciplina mental e financeira e gastaram tudo durante o ano, pelo menos no primeiro ano. Logo aprenderiam que é importante gerenciar suas finanças e se planejar e poupar para o futuro.

Vamos falar agora da importância da mudança dos padrões mentais, tecendo algumas considerações sobre nosso processo cognitivo, isto é, como adquirimos e acumulamos nosso conhecimento.

Todo o conhecimento humano, ou o que chamamos de realidade, foi baseado nos sentidos e na percepção do ambiente que nos circunda. A própria ciência, dentro de seu princípio de negação, desenvolve-se à medida que fatos e fenômenos podem ser atestados, ou seja, até prova em contrário, eles simplesmente não existem. Outro aspecto interessante é que nossa educação foi fundamentada numa dicotomia, num processo cartesiano e analítico, com cerca de quinhentos anos, no qual aprendemos claramente as diferenças com base nos opostos.

Desde pequenos aprendemos que existe o bem e o mal, o claro e o escuro, o quente e o frio. São referências que acabam por se transformar em conceitos. Durante a vida, somos obrigados a optar por um desses conceitos, abandonando o outro, o que gera uma escala de valores: o correto é fazer o bem, devemos ser belos, inteligentes e assim por diante. À medida que estudamos e aprofundamos essa dicotomia, esse confronto de opostos, ampliamos nosso processo cognitivo, chegamos à conclusão de que essas dualidades aparentes não existem na forma em que nos são apresentadas.

Na realidade, o ambiente que nos cerca é uno, é um só. O que acontece é que analisamos um mesmo fenômeno sob óticas diferentes. Por exemplo, se analisarmos o quente e o frio de acordo com a Física, observaremos que não existe o conceito de frio. O que existe é uma entidade chamada calor, e o frio nada mais é do que a ausência de calor. Portanto, só existe uma única entidade. Da mesma maneira, isso se aplica ao conceito de luminosidade, isto é, só existe a luz; não existe uma entidade chamada escuridão, mas sim a ausência de luminosidade, que a produz. Essa ótica também serve a vários outros conceitos, como o bem e o mal, por exemplo. Podemos chamar o mal de ausência do bem e assim por diante.

Outro aspecto interessante dentro do processo de cognição é que temos uma noção de tempo linear. Reconhecemos o hoje, o amanhã, aquilo que está à frente e com o qual sonhamos, e o ontem, marcado por lembranças, recordações e ligado ao passado. Em termos de processo decisório, só podemos executar a mudança num único estado, ou seja, o presente. Não podemos realizar mudanças no passado e muito menos no futuro. A ação de mudança só pode ser empreendida no presente. Cada vez mais, portanto, torna-se importante entender que tudo o que somos hoje é resultado de decisões e ações empreendidas no passado, e que nosso futuro depende de decisões e ações tomadas no presente. Compete apenas a nós mesmos o caminho que trilharemos em direção ao futuro, em nível decisório.

Vejamos, por exemplo, alguém que esteja cursando alguma faculdade. Enquanto um aluno está assistindo "àquelas aulas intermináveis", na sua cabeça, a conclusão do curso já é uma realidade como objetivo. Sem esforço, atenção, disciplina e o cumprimento de determinadas tarefas, dificilmente ocorrerá a concretização dessa meta.

Toda decisão surge primeiro no plano mental, para depois ser executada no plano físico. O que chamamos de realidade é apenas uma percepção da realidade; tudo o que existe no plano material teve uma existência apenas mental num estágio anterior. Tomemos o exemplo de um prédio que, antes da colocação do primeiro tijolo, já existia na mente do arquiteto. Ao transformar sua ideia em uma planta, ele apenas democratizou a comunicação com recursos

visuais, permitindo que alguém executasse seu plano mental para concretizá-lo em termos materiais. É importante, assim, que cada vez mais trabalhemos nossos planos mentais para melhorarmos os padrões decisórios.

> Cada vez mais torna-se importante entender
> que tudo o que somos hoje é resultado
> de decisões e ações empreendidas no passado,
> e que nosso futuro depende de decisões
> e ações tomadas no presente.

A decisão sempre antecede a ação. Somos exatamente o que decidimos, entrando em choque com nosso lado determinista, que nos torna uma vítima da fatalidade ou do destino. A diferença se dá com base em decisões e posturas mentais, adotadas por decisores em momentos de crise e mudança. Voltando ao exemplo da faculdade; certamente no decorrer do seu curso, aquele aluno se defronta com provas, testes e cobrança de frequência. Aqueles que acharem muito difícil encarar tais situações para obter as possíveis vantagens de uma graduação provavelmente acabarão abandonando a faculdade. Aqueles que perseverarem e continuarem acreditando na importância do diploma e do conhecimento serão capazes de sacrificar suas horas de lazer em nome daquele objetivo.

É bom que se diga também que os padrões mentais atuam exatamente como uma liga. Assim como nos metais existe uma liga, dentro do indivíduo há uma estrutura, cuja natureza determina um comportamento e um tipo de padrão decisório. Na metalurgia existe um termo técnico denominado "tenacidade", que qualifica o seguinte: uma mola helicoidal não é apenas um arame espiralado; se a comprimirmos, ela voltará a seu formato natural assim que a soltarmos, e mais, passará por um estado maior do que estava antes da compressão. Se pegarmos apenas um arame espiralado e o pressionarmos, teremos somente um arame amassado.

Tenacidade, como característica de uma estrutura do decisor, refere-se à capacidade de querer, de demonstrar força num momento de crise para enfrentá-la. Essa propriedade de "tenacidade" deve ser cada vez mais desenvolvida na cabeça dos decisores, a fim de tirarmos partido das crises e pressões para conquistarmos espaços e condições melhores do que tínhamos anteriormente.

Quando falamos do processo decisório em termos de liga e tenacidade, é importante observarmos duas coisas. Primeiro, essa tenacidade psicológica ou flexibilidade será um resultado da estrutura do ego de cada um. Entendamos "ego" como o administrador de nossas percepções, o que nos mantém em contato com a realidade que nos cerca, aquele que percebemos como sendo "eu". Esse ego é permeado por duas variáveis. De um lado temos a vaidade, e do outro, o orgulho.

Em função de como esses dois sentimentos se manifestam e de como são administrados por nós, desenvolveremos a "liga" que vai nos tornar uma vítima do mundo, durante os momentos de pressão, ou vai nos fazer reagir alcançando um estado melhor do que o anterior.

Caso predomine o orgulho, é provável que no auge da crise a reação seja a de afirmar o ego e gerar forças para superar a crise. Caso predomine a vaidade, o medo do erro e da aprovação dos outros, provavelmente essa atitude levará a um enfraquecimento do ego e esvaziamento das forças de reação. Isso é assustador, uma vez que nos dá uma liberdade de ação extremamente ampla, para a qual a maioria não está preparada. É muito cômodo culparmos nossos pais, nosso chefe, nossos filhos e assim por diante por fracassos e insucessos, relacionados a decisões não tomadas ou mal tomadas. Mas quando entendemos que somos resultado de decisões passadas e que precisamos aprimorar nossa "tenacidade" e capacidade de nos estruturarmos melhor numa crise, tornamo-nos melhores decisores e assumimos as rédeas de nossos destinos.

7.1 Decidir ou não decidir, eis a questão

O maior problema de decidir está em romper com seus paradigmas, suas crenças e convicções. Se você tem dúvida, escolha uma decisão bem difícil e submeta-a ao fluxograma a seguir.

Como você verá, a maior parte dos entraves de decisão se dá por conflitos de valores e percepções distorcidas.

Lembre-se de que o estresse do conflito da decisão acaba sendo somatizado, o que certamente o desviará do objetivo básico de sua existência: a sua felicidade, e daqueles que o cercam, quer em família, quer no trabalho. E que só não erra quem não tenta, e quem não tenta erra duas vezes...

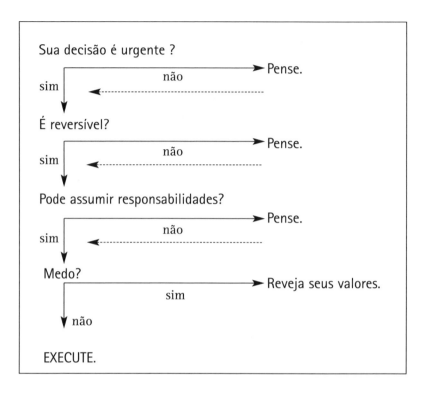

CAPÍTULO 8

O CONTROLE DO DINHEIRO:
ESCRAVO RICO x ESCRAVO POBRE

O que é riqueza? O que é dinheiro? Temos uma ilusão a respeito do que seja riqueza e do que seja dinheiro, e essa ilusão, muitas vezes, nos coloca na indesejável posição de escravos. Se pensarmos em riqueza como acumulação de bens (imóveis, propriedades, veículos) ou de capitais (dinheiro, ouro, bens de capital), podemos não ter a definição mais correta, já que o que impulsiona a economia, de um país, de uma empresa ou de uma pessoa, por exemplo, é a serviço de que está a sua riqueza.

Riqueza não se traduz apenas em bens ou capitais. A capacidade de um sonho gerar uma ideia, e daí uma realização, pode construir riqueza tomando-se por base o nada, baseando-se em um simples pensamento. Assim, ideias, conhecimento acumulado, experiência pessoal, e profissional também, são outros formatos de riqueza. Acrescentando, podemos dizer, com base na sabedoria popular, que riqueza parada não gera benefícios. Uma melhor definição de riqueza seria, então, tudo aquilo que gera movimento, produz benefício, acrescenta *quantum* ao cosmo, isso é, beneficia o mundo, as pessoas ao seu redor.

Dinheiro é papel pintado.
Nós é que atribuímos o valor adequado
ou não ao dinheiro.

Da mesma forma, o dinheiro é apenas papel pintado. Isso mesmo: o dinheiro nada mais é do que ilusão, uma promessa pintada num pedaço de papel dizendo que aquilo vale uma certa quantia, na moeda do país. E quem dá garantias desse valor é um empregado do governo, normalmente o ministro da fazenda, em nome desse governo. Na realidade, entretanto, esse valor "garantido" depende de tantas variáveis (balança comercial, dívida externa, câmbio com outras moedas, PIB) que, se fôssemos pensar muito a respeito, trocaríamos todo o dinheiro que temos por algo mais palpável, talvez pedras preciosas, como no tempo do Brasil Colônia.

A ilusão a respeito do dinheiro cria dois tipos de escravos:

1 – O Escravo Rico. Aquele que acumula o dinheiro imaginando gastá-lo um dia, talvez. Ele sofre da Síndrome de Tio Patinhas, venerando o dinheiro que acumula, mas não usufrui, deixando sempre para um improvável amanhã a tarefa de usar o que lhe pertence. Ele gera com isso a estagnação da riqueza, pois o dinheiro não está em sua forma de maior valor, que é circulando no mercado. Então, na realidade, o que ele tem é uma ilusão de riqueza, que em nada contribui para o mundo à sua volta.

2 – O Escravo Pobre. Aquele que nunca consegue juntar dinheiro e, ao contrário, está sempre devendo a alguém, seja um amigo, um agiota, um banco ou o governo. Sua vida gira em torno do dinheiro, de conseguir dinheiro para quitar seus débitos e poder fazer novos débitos. Vive a Síndrome do Cartão de Crédito, rolando indefinidamente para o amanhã o compromisso de pagar. Depende visceralmente de ter um emprego para poder endividar-se.

8.1 O PARADIGMA DO CONTRACHEQUE

Justamente por não pensarmos muito a respeito de riqueza, dinheiro ou valor, é que caímos em algumas ciladas como: a segurança do emprego; a aposentadoria; o décimo terceiro salário; as férias; e a principal, em se tratando de dinheiro – quem paga o seu salário. Vamos fazer um pequeno exercício só para quebrar nosso paradigma da segurança do emprego e mostrar que não teremos nada mais do que temos, fazendo as mesmas coisas de hoje. Nossa crença na segurança do emprego e da empresa repousa no seguinte fato: toda vez que recebemos nosso contracheque, aparece simultaneamente, no banco em que nosso salário foi depositado, um lançamento único equivalente (Ex.: se ganhamos R$ 1.000,00 após as deduções, vai aparecer no terminal do banco um único lançamento de igual valor). Imaginemos agora que, em vez de nosso cliente-empresa fazer um único lançamento, ele passe a lançar parte dos recebimentos de seus clientes (os que compram da empresa) diretamente em nossa conta, mas sempre totalizando R$ 1.000,00. Teremos a cada mês a surpresa de termos mais ou menos lançamentos, com valores menores ou maiores, em função de como a empresa está se saindo no mercado. Ao entendermos esse quadro, não teremos mais essa crença de segurança que temos hoje.

Do mesmo modo, temos essa ilusão com relação à carteira de trabalho, ao contrato que ela representa. O que o contrato de trabalho nos diz (e por isso se valoriza tanto o emprego) é que teremos direito a 12 meses de salário, em troca de nosso tempo de lazer e, mais!!!, um décimo terceiro salário, um mês sem trabalhar recebendo do mesmo jeito, além de um adicional por esse mês sem trabalho. Não é maravilhoso?

Você sabe quanto vale o seu trabalho para o seu cliente (empresa)?

Na realidade, quando um emprego é oferecido no mercado de trabalho, sua remuneração é pensada em termos de quanto vale, no ano, o número de horas que o trabalhador vai vender à empresa (já descontadas as horas em que não vai trabalhar: sábados, domingos, feriados e férias). A divisão por meses, com o acréscimo do décimo terceiro, é na verdade um valor só! E por isso voltamos à pergunta que fizemos no início deste livro: você sabe quanto vale o seu trabalho para o seu cliente (empresa)?

Por fim, a pior ilusão talvez seja a da aposentadoria. No século passado os governos da maioria dos países vendeu uma ideia bastante ilusória, qual seja: você vai trabalhar durante uns trinta ou quarenta anos e, depois, vai usufruir por todas aquelas horas de lazer que vendeu às empresas. Você vai se aposentar ganhando o suficiente para viver bem e, aí então, aproveitar a vida! Confie em mim! Na época em que foram feitas essas promessas, a população jovem era grande e podia pagar os custos (pelo desconto da previdência no contracheque) da previdência dos idosos que eram poucos e viviam pouco.

Neste início de século, o que estamos vendo é uma realidade bem diferente. A maioria dos planos de previdência dos governos do Ocidente está falida, sem condições de pagar o que prometeram, ou pior, sem condições de pagar qualquer coisa. É senso comum, hoje em dia, a necessidade de ter algum outro plano de previdência para cobrir aquilo que o governo não pode pagar, para que se possa ao menos ter uma vida digna. Com o avanço da biotecnologia, cada vez as pessoas vivem mais, e a população de idosos é cada vez maior. Como pagar por isso? Quem vai pagar? Qual a saída?

CAPÍTULO 9

CONSTRUA SEU FUTURO

Se você se assustou com o que dissemos no capítulo anterior, saiba que há saída para esse tipo de problema, e que ela se baseia em duas visões reflexivas temporais, ou seja: sua visão do agora e sua visão do futuro. Complicado? Vamos tentar explicar por partes, falando antes sobre os principais controles: o controle do tempo e o controle do dinheiro.

a) O controle do tempo

Digo para você o seguinte: só o agora, o presente, existe. O passado existe apenas na sua memória, e o futuro, apenas na sua imaginação. A única coisa sobre a qual você tem algum controle é o seu **agora**, e é ele que você deve saber controlar e dispor. Como você gasta o seu tempo presente? Em que você está investindo suas horas? Na sua educação? No seu aperfeiçoamento? Em atividades que contribuem para sua saúde, seu bem-estar? Você usa agenda para controlar o gasto do seu tempo? Para racionalizá-lo?

Pense o seguinte: não é à toa que o agora se chama **presente**! Ele realmente é um presente, uma dádiva entregue em suas mãos. Saiba controlá-lo e construa seu futuro com cada "tijolo" de presente que você usa.

b) O controle do dinheiro

Em qual dos padrões do capítulo anterior você se encaixa? No Escravo Rico, ou no Escravo Pobre? Nenhum dos dois? Você coloca suas ilusões de futuro num emprego estável, aposentadoria, e deixa tudo por conta dos "patrões" de sua vida?

O seu controle e uso do dinheiro está intimamente associado ao seu uso do tempo. O uso dos dois de forma produtiva é sempre um acréscimo na sua contabilidade de futuro. E a contabilidade desse futuro você faz no agora!

9.1 Visão reflexiva – Agora

Com base no controle de seu tempo e do seu dinheiro, e tendo em mente a relação Trabalho = Venda do Tempo de Lazer, duas perguntas surgem: quanto eu valho? Quanto eu posso gastar?

⌒ Quanto eu valho?

Para encontrar seu valor, você deve ter em mente que Produtividade é igual a Resultado sobre um determinado período de Tempo. Isto é, você vale pelo que pode apresentar de resultados (para um determinado cliente), num determinado período de tempo. Essa é a sua produtividade, é quanto você vale para o mercado.

PRODUTIVIDADE = RESULTADO / TEMPO

Ao estabelecermos um preço por um serviço, produto ou até numa negociação salarial, é preciso pensar em alguns aspectos que relacionam preço e valor.

Confira o mercado. Verifique se o serviço que você oferece, o produto que você vende ou sua carreira já têm semelhante no mercado, isto é, já tem gente que faz o mesmo. Informando-se sobre essa área, você vai ter uma referência dos preços ou salários praticados.

Se você vai montar um negócio, a avaliação de quanto você pode cobrar por seu serviço ou produto é fundamental para que você tenha uma ideia de quando vai poder recuperar o que investiu. No início de um negócio é importante que você conheça a média de vendas do setor em que você quer entrar, isto é, qual a quantidade de produtos, ou prestação de serviços, que um negócio igual ao seu vende por mês, ou num determinado período. Com base nessas informações você deve fazer suas previsões de venda, sempre um pouco abaixo da média desse setor. Assim, você não só evita surpresas (a não ser que a surpresa seja boa: você vendeu mais do que esperava, por exemplo), mas também vai poder fazer uma projeção aproximada de quanto tempo vai levar para obter retorno, e quanto vai poder tirar do total arrecadado para remunerar a si próprio.

Você pode basear a formação do seu preço nos seus custos (aluguel de loja, salários de empregados, matéria-prima, ligações telefônicas, luz, água, impostos, contador, e o que mais você puder achar), somando-os e dividindo pela sua previsão de vendas, por unidade de serviço ou produto. Cada produto vai ser responsável por um pedacinho do seu custo. Depois disso, você adiciona uma porcentagem (10%, 15%, 20%) ao preço (técnica chamada de *mark up*), que você acha que vai lhe dar o retorno necessário, sem que o produto se torne caro para o cliente.

Outra maneira é formar seu preço com base no valor que o cliente dá àquele determinado serviço ou produto. Nessa perspectiva, você pesquisa informações de quanto seria o máximo que o cliente estaria disposto a pagar por um determinado produto ou serviço, e então cobra um pouquinho menos que o máximo, permitindo que o cliente leve uma pequena "vantagem" no negócio. Essa tática de preços, porém, só é válida para aqueles produtos ou serviços que oferecem muito mais que a média do mercado, senão, obviamente, o cliente não vai dar "valor" ao que você está propondo.

Na área de carreira, ou escolha de profissão, normalmente, se você está fazendo uma faculdade ou algum curso de especialização, essa é uma época de muitas despesas. Às vezes temos de pedir a ajuda dos pais, ou de um parente. Muitas vezes, com ou sem ajuda, temos de trabalhar, ao mesmo tempo em que estudamos. Esse tempo e esse dinheiro gasto sempre devem ser considerados um investimento (construção do futuro), e como todo investimento ele deve ser avaliado antes de colocarmos o dinheiro nele. Além disso, devemos relacionar o que esperamos obter como retorno desse investimento.

Numa ótica financeira, *grosso modo*, um curso de Administração de Empresas pode ter um retorno rápido, na forma de um emprego logo após a conclusão do curso. Já um curso de Astronomia pode ter um retorno mais lento. Independentemente disso, os dois cursos podem ter a mesma necessidade de investimento de tempo e dinheiro para serem concluídos. É preciso avaliar e saber prever qual o retorno desejado e qual o retorno possível em face daquela determinada profissão. O que poderemos pedir como salário quando nos formarmos ou quando concluirmos aquele curso de digitação. Esse "preço" está diretamente relacionado ao valor que o mercado atribui àquele determinado tipo de trabalho.

Já como um profissional, sabendo o preço que o mercado está disposto a pagar por seu serviço ou produto, você deve tentar saber qual a valorização de sua oferta ao cliente. Se você tem mais cursos e especializações do que a média, é provável que queira cobrar mais pelo seu serviço, ou queira um salário maior. Essa é a sua percepção. Mas será que o cliente ou empregador percebe do mesmo jeito? Será que, para ele, vai fazer alguma diferença contratar alguém com menos títulos ou experiência do que você e pagar bem menos?

**Quanto mais valor você oferece ao seu cliente,
e quanto mais ele percebe isso
sem que você tenha de dizer,
mais fácil se torna poder cobrar mais.**

Tudo vai depender do valor que o cliente, ou o mercado, percebe no seu serviço, quanto ele depende das suas habilitações e quanto você o convenceu disso por meio do trabalho que realizou, ou da assistência que ofereceu ao produto ou serviço que vendeu, em suma: que resultados entregou no final de certo tempo.

Quanto mais valor você oferece ao seu cliente, e quanto mais ele percebe isso sem que você tenha de dizer, mais fácil se torna poder cobrar mais (um pouquinho mais é o ideal), pedir um aumento salarial, ou vender um produto um pouco mais caro do que a concorrência. O ponto ideal é quando aquilo que você oferece, serviço ou produto, somado aos benefícios que você adicionou (garantias, revisão, facilidade de encomendar o produto ou serviço, pronta entrega, atendimento 24 horas, descontos, parcelamentos, durabilidade, facilidade de troca, cortesia e muitos outros benefícios), é mais compensador do que contratar outra pessoa, outro serviço, ou comprar outro produto, a um preço um pouco mais barato sem obter os benefícios adicionais que você oferece.

Procure estar ciente do seu valor e de quanto você pode pedir pelo resultado que entrega, sua produtividade. Controlando sua produtividade agora você poderá melhorar suas perspectivas de receita. Uma pequena diferença pode representar estar fora do mercado ou ganhar mais do que esperávamos.

> Controlando sua produtividade AGORA
> você poderá melhorar suas perspectivas de receita.
> Uma pequena diferença pode representar
> estar fora do mercado ou
> ganhar mais do que esperávamos.

△ Quanto eu posso gastar?

Como sobreviver hoje em dia? O controle do dinheiro, sem que ele controle você, como vimos nos exemplos do Escravo Rico e do Escravo Pobre, depende, em grande parte, do controle de seu fluxo de caixa mensal. Fluxo de caixa é a diferença entre o que você ganha e o que você gasta num mesmo mês. Se esse fluxo for negativo, isto é, você gasta mais do que consegue ganhar, você se torna um sério candidato a Escravo Pobre.

Você precisa conseguir viver dentro de um orçamento planejado que apresente sempre um fluxo positivo, pois assim conseguirá planejar seu futuro. O controle de um orçamento diário gera um controle sobre um orçamento mensal, que gera um controle sobre um orçamento anual! Cada degrau conduz a um passo maior. No site www.decisor.com.br oferecemos a você, gratuitamente, ferramentas para montar um orçamento planejado e seu fluxo de caixa, habilitando você ao próximo passo, que é...

9.2 Visão reflexiva – Futuro

Como dissemos anteriormente, é com os "tijolos" do presente, isto é, suas atitudes, seu planejamento, sua produtividade, que você constrói sua visão de futuro, e essa visão começa quando você imagina o que quer desse futuro.

Imagine que um de seus projetos para o futuro próximo é a compra de um carro. Você pode realizar esse sonho, de comprar o carro, usando uma poupança própria ou uma alheia. Você pode economizar durante um tempo até conseguir o que precisa para pagar o carro, ou pagar o financiamento, pegando um empréstimo com um banco ou pagando prestações a uma financeira. Com a poupança de recursos você escolhe: ganhar primeiro, gastar depois. Com o empréstimo, ou financiamento, você escolhe: gastar primeiro, ganhar depois. Por essa escolha você paga juros! O pagamento do carro, seja por meio de um empréstimo, seja por intermédio de prestações, embute juros no preço final do carro.

Há vantagens e desvantagens em ambas as maneiras de gastar e realizar o seu projeto, mas o mais importante aqui é você perceber o seguinte: o juro e o ágio são o preço da sua impaciência! Se você não quer esperar para ter, saiba que vai pagar por isso! O exemplo do carro serve para vários outros projetos de vida que não conseguimos imaginar ao longo do tempo, ao longo do paciente colocar de "tijolos". Consequentemente, quem sabe administrar sua ansiedade, sua impaciência, consegue administrar melhor seu futuro.

O juro e o ágio são o preço da impaciência!

Por isso é tão importante termos um planejamento anual do que queremos realizar, e também um orçamento anual. Uma pergunta: você sabe quanto vai ganhar durante o ano ou só descobre isso quando faz sua declaração de imposto de renda? Por causa das ilusões que nos são vendidas em termos de salário mensal (veja o Capítulo 3 - O mito do emprego), nunca planejamos pensando o que vamos ganhar durante o ano, e quanto vamos ter de gastar. Se você ganha um salário mínimo por mês, economizar R$ 30,00 pode parecer muito pouco. O que dá para fazer com R$ 30,00? Pensando em termos anuais, R$30,00 por mês são R$ 360,00 no final do ano! Não é mais motivador pensar dessa forma?

Isso vale em qualquer área de nossas vidas. Fazer ginástica três vezes por semana, ao final de um mês, pode não significar muito. Praticar isso regularmente, ao final de um ano, quanta diferença!

Em resumo, o que queremos dizer para você, neste capítulo, é que a disciplina e o controle mental exercidos sobre seu tempo disponível, suas atividades e seu dinheiro trazem resultados reais e podem fazer toda a diferença entre conseguir ou não realizar seus sonhos!

Fazer ginástica três vezes por semana, ao final de um mês, pode não significar muito. Praticar isso regularmente, ao final de um ano, quanta diferença!

CAPÍTULO 10

VENDENDO O SEU SONHO – TRANSFORMANDO O SONHO EM REALIDADE

Quando um empreendedor tenta vender seu sonho, na realidade ele está vendendo uma visão de futuro, de algo que ele anteviu como realizado e quer dividir com quem ele acha que pode contribuir para essa realização. A grande diferença entre os que são vistos como loucos e os empreendedores é a capacidade de convencer os outros da viabilidade de suas ideias!

Cristóvão Colombo convenceu os reis de Espanha de que havia um continente esperando do outro lado do mar sem fim! Louco? Naquela época, para muitos, talvez ele fosse. No entanto, sua capacidade de demonstrar um futuro que ainda não existia foi decisiva para que o mundo se transformasse. E esse futuro acontecesse!

Vender exige capacidade de comunicação e confiança.

10.1 Capacidade de comunicação

O sonho é o inconsciente. Ele existe numa visão em nossas mentes. Para que se torne realidade, antes precisa passar para a fase de ideia, isto é, o sonho tem de ser explicado de uma forma racional, para que as mentes daqueles possíveis compradores de sonho possam racionalizá-lo, compreendê-lo e visualizá-lo. A maneira de comunicar uma ideia é o fator fundamental para que ela seja entendida e, portanto, visualizada.

A comunicação, por sua vez, é um todo. Não é só a maneira pela qual falamos, mas também como somos vistos aos olhos dos outros, como nos apresentamos e as nossas qualificações.

Seu sonho tem de ser explicado de uma forma racional para que os possíveis compradores de sonho possam racionalizá-lo, compreendê-lo e visualizá-lo.

A comunicação começa na imagem que você apresenta. Você tem características físicas (tamanho, cor da pele, idade e muito mais), tem até uma "marca", que é seu nome ou apelido, sua "embalagem" (roupas, corte de cabelo).

Seu nome, em primeiro lugar, funciona como sua marca, e marca é o símbolo, desenho ou palavra, ou tudo isso junto, que identifica um produto para os consumidores. Qual o nome que você está usando? Claro que é o seu mesmo e não o de outra pessoa! Mas não é disso que estamos falando. A maneira pela qual você usa o seu nome pode e deve mostrar algo a respeito de você, quem você é, seus atributos e qualidades.

Um amigo nosso é conhecido na turma como Serginho, mas, profissionalmente, só é chamado por "Doutor", Doutor Sérgio Rodriguez, cirurgião plástico. Qual a diferença entre os dois? Nenhuma! São a mesma pessoa. O Serginho, no entanto, só se apresenta como Doutor Sérgio Rodriguez, cirurgião plástico. O que você identifica ao ouvir o nome do Sérgio conforme ele se apresenta aos outros? Respeito? Formalidade? Conhecimento? Confiança? Sem dúvida, algumas dessas palavras poderiam ser associadas ao nome dele, e são palavras que têm tudo a ver com a profissão de cirurgião plástico, alguém de quem se espera confiabilidade e conhecimento específico.

Agora, me diga: se alguém se apresentasse a você, ou a outras pessoas, como Sr. Caetano Emanuel Vianna Teles Veloso. Que sentimentos você identificaria nessa apresentação? Respeito? Formalidade? E se essa mesma pessoa se apresentasse como Caetano Veloso, ou, simplesmente, Caetano, ou ainda Caê? Provavelmente você identificaria musicalidade, criatividade, genialidade, não é?

A maneira pela qual você mostra seu nome, isto é, sua marca, define quem você é, traduzindo para as outras pessoas parte dos seus atributos, que são as qualidades que você tem, ou que estão associadas à sua escolha profissional. Ter um nome representativo do que você é não é apenas ter um nome bonito, ou um nome artístico, mas sim um nome que está diretamente ligado às suas qualidades ou à carreira que escolheu.

Ao apresentar uma ideia, um projeto, seu pensamento deve ser o mesmo. O nome e o símbolo que vão defini-lo devem, por si só, dizer com clareza, e se possível com originalidade, o que você está oferecendo. Nomes mirabolantes, em língua estrangeira ou não, nem sempre traduzem aquilo que você está oferecendo. Às vezes podem até confundir as pessoas e dizer algo que não é aquilo que você queria dizer inicialmente.

Suas qualificações também fazem parte do que você tem a oferecer ao cliente, do produto chamado "você". Os diplomas que você tem, os cursos que fez, a experiência acumulada em determinado serviço, seus relacionamentos com pessoas da área, tudo isso soma para compor o que você oferece ao mercado. Até mesmo o que, aparentemente, não tem nada a ver com a área que você escolheu.

Existem muitas maneiras de transformar a nossa "bagagem", isto é, aquilo que aprendemos na carteira da escola, ou informalmente durante a vida, em informação qualificada, informação que vai nos ajudar a vender nosso sonho para um cliente ou um empregador. Para isso, é preciso estar atento ao mundo à nossa volta, aos desejos de clientes, empregadores, colegas, a toda e qualquer dica que traga do fundo da nossa memória uma informação que possa ajudar. A informação certa, na hora certa, pode ser a chave para conquistar um cliente e vender para ele seu sonho, sua ideia.

Aqui é importante lembrar o seguinte: muitos profissionais, altamente qualificados (até mais do que alguns concorrentes), reclamam que o mundo não lhes dá valor, que o mundo não lhes confere reconhecimento... Mas quando vão ao supermercado são exigentes quanto às embalagens dos produtos que compram; não podem estar sujas, amassadas, danificadas; se possível ainda escolhem as mais bonitas e vistosas...

Esquecem que os clientes, em relação aos seus serviços, agem da mesma maneira. Acabam por não se preocupar com "pequenos detalhes" de sua embalagem profissional, como roupas, postura, escritório limpo e arrumado, gentileza, enfim, acreditam que basta ter um bom produto que ele se vende.... Alertamos para o seguinte:

Você nunca terá uma segunda chance de causar uma primeira boa impressão. Capriche!!! Lembre-se de que você vende sua imagem 24 horas por dia, 365 dias por ano!!!!

Você nunca terá uma segunda chance de causar uma primeira boa impressão. Capriche!!! Lembre-se de que você vende sua imagem 24 horas por dia, 365 dias por ano!

Como vimos no Capítulo 4 (As três maneiras de ser empreendedor), você pode estar vendendo um sonho, uma ideia, um projeto, para três tipos de pessoas diferentes. Do ponto de vista de um autônomo, você estará vendendo a ideia em primeiro lugar para si mesmo, tentando se convencer de que é possível realizá-la. Como empregado, ou colaborador, você tentará vendê-la àqueles que o apoiam dentro da estrutura em que trabalha: seu chefe imediato, um diretor, ou qualquer decisor que tenha o poder de aprovar sua ideia e dar-lhe meios de realizá-la. Sendo você o dono do negócio, tentará vender essa ideia a seus colaboradores, porque é fundamental que todos aqueles que trabalhem com um projeto novo estejam convencidos de seus benefícios.

Sua comunicação deve estar voltada para o principal motivador do ser humano, ou seja: o que se ganha com isso? Ou ainda, o que eu ganho com isso? Numa versão mais altruísta, o que o mundo à nossa volta ganha com isso? O ser humano é motivado pelo ganho ou pelo medo da perda. Por exemplo: você cuida de sua saúde por medo de perdê-la. Você trabalha porque ganha em troca disso. E assim por diante, somos sempre motivados por aquilo que podemos ganhar, ou por aquilo que temos medo de perder. Assim é o homem e são todas as organizações construídas por ele. Portanto, sua comunicação deve conduzir à demonstração de sua ideia, seu projeto, visando como objetivo final: ao que se ganha com o que estou propondo!

10.2 CONFIANÇA

Por que pedimos a um artista famoso ou a um atleta de renome que opine sobre política, economia ou algo que o valha? É porque acreditamos que, como eles tiveram sucesso como decisores em suas áreas específicas, teoricamente deveriam tê-lo também em outros campos de atividade, o que é uma falácia.

Confiança é avaliada pela história pregressa, competência e consistência de imagem.

A confiança que temos em um decisor é avaliada com base em três grandes variáveis, a saber: a história pregressa, a competência e a consistência de imagem.

Figura 3 – Confiança e suas variáveis

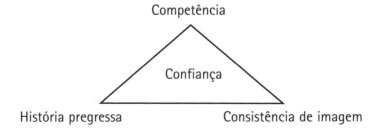

Por história pregressa entenda-se o passado de sucesso, isto é, as decisões acertadas tomadas por alguém, que acabam por gerar confiança, qualificando-o como um bom decisor.

O padrão de decisão também está intimamente ligado à competência da pessoa. Vale aqui lembrar que competência é uma questão de área, isto é, ninguém é competente em todas as áreas. Podemos ser competentes no ramo empresarial e não no esportivo; é possível termos sucesso na política e fracassarmos na área da psicologia, e assim por diante.

Muitas vezes, entretanto, a própria sociedade acredita que uma pessoa que foi bem-sucedida em determinada área pode sê-lo em outra. Tomemos o caso de Pelé, por exemplo, uma pessoa altamente competente na área esportiva, mas nem tão feliz na política; ou o de Emerson Fittipaldi, um grande piloto, de reconhecida competência na área automobilística e habilitado a orientar com sucesso uma escuderia. Qual seria a vantagem, entretanto, de pedir a ele conselhos políticos ou médicos? É praticamente impossível transferir sua competência de bom decisor na área automobilística para um campo completamente diferente, como o político ou o médico. Surge aí a questão: já que não existe, obrigatoriamente, relação entre competência e área, os grupos incorrem no erro de empregar pessoas de reconhecida competência num determinado campo para tomarem decisões em áreas com as quais não estão muito bem familiarizadas.

O terceiro vértice do triângulo chama-se consistência de imagem. Envolve valores e padrões mentais, que se referem ao plano interior e à consistência desses padrões mentais e comportamentos em consonância com o plano exterior, ou seja, como o grupo avalia as características do decisor: se ele é consistente ou não, se possui coerência em seus pensamentos, julgamentos e ações. Na prática, isso tudo pode ser resumido na palavra sinceridade, no que diz respeito à postura e ação. Fecha-se assim o triângulo.

Valeria a pena ainda, na análise desse modelo, levantar a tão discutida questão da história pregressa. Peguemos como exemplo uma moeda que, ao ser jogada para o alto, a fim de decidir alguma questão, tenha apresentado, cinco vezes seguidas, o mesmo resultado: "cara", vamos supor. A pergunta que nos fazemos é qual será o próximo resultado: "cara" ou "coroa"? A escolha vai depender muito dos padrões mentais de julgamento de cada pessoa.

A confiança que você oferece, com base em sua história pregressa, sua competência e a consistência de sua imagem, influirá, de forma marcante, nas decisões que transformarão seu sonho em realidade!

Matematicamente, a probabilidade de resultados "cara" e "coroa" é absolutamente idêntica, 50% para cada. Uma pessoa observadora pode achar que a moeda está viciada e sugerir "cara". Os mais analíticos arriscariam "coroa", pelo fato de esse resultado não ocorrer há algum tempo e de isso se opor à Lei dos Grandes Números. Esse tipo de decisão está intimamente ligado aos padrões mentais, à percepção e à consistência de valores de cada indivíduo ou decisor. Ou seja, com a mesma base de dados, dois decisores poderão decidir diferentemente em função de seus valores.

Em resumo, a confiança que você oferece, com base em sua história pregressa, sua competência e a consistência de sua imagem, influirá, de forma marcante, nas decisões em relação à transformação de seu sonho em uma realização, esteja essa decisão nas mãos de seus colaboradores ou daqueles que estão acima de você. Portanto, pense a respeito da confiança que você transmite quando comunica seu sonho.

Vamos ilustrar agora uma situação corriqueira de um pequeno empreendedor que desejava montar um negócio milionário.

Era uma vez um rapaz chamado Ranieri que queria fazer um bom negócio, mas para isso contava apenas com uma laranja. Sem faca, não poderia nem cortar a fruta, muito menos colocar em ação suas ideias. Por isso, o primeiro passo foi procurar algum associado com a ferramenta certa; nesse caso, uma faca.

Ele propôs ao associado:

– Pelo empréstimo da faca, posso lhe oferecer uma participação no resultado da venda do suco que vou produzir. O que você acha?

O associado entregou a faca e respondeu:

– OK.

Ranieri fez o suco, pagou pelo empréstimo da faca e ficou com o lucro, bem como com o bagaço e as sementes.

Moral: Quando necessitar de um recurso, negocie com os associados mediante a participação dos resultados.

Era uma vez dois amigos que tinham uma laranja.

Ranieri, um deles, disse:

– Agora temos duas opções: ou dividimos nossa laranja em duas metades e cada um faz seu suco ou fazemos um suco consistente usando a laranja inteira.

O amigo respondeu:

– Prefiro fazer o suco com a laranja toda, pois, separada em dois pedaços, daria um suco ralo que não agradaria ao cliente.

Os dois fazem, então, um suco gostoso, vendem e dividem os lucros, mas continua a questão do bagaço e das sementes.

Moral: Prefira agregados que queiram agregar valor, pois a união faz a força.

... depois que fizeram o suco, Ranieri comentou:

– Podemos aproveitar o bagaço para fazer adubo e as sementes, para plantar novas laranjas e fazer mais sucos. O que acha?

O amigo concordou e acrescentou:

– Acho uma ótima ideia. E que tal usarmos a casca também?

Ranieri estranhou:

– Mas como faríamos isso?

– Simples. Cortamos a laranja em quatro, retiramos cuidadosamente a casca, que poderá ser utilizada para fazer pedacinhos de casca de laranja cristalizada. O que você acha?

Ranieri concordou e eles fizeram exatamente como o amigo sugeriu.

Moral: Analise com cuidado o lixo de seu processo produtivo e transforme-o em novos recursos rentáveis.

... como não sabiam cristalizar as cascas de laranja, negociaram com um colaborador especialista que seria pago com o dinheiro resultante da venda das cascas de laranja. O especialista explicou que as cascas deveriam ser cortadas em tiras pequenas e secadas ao sol para, depois, serem adoçadas na versão *diet* ou com açúcar.

Moral: Contrate colaboradores que conheçam o assunto mais do que você.

... os amigos tinham um problema. Como haviam usado a casca para o doce, estavam sem o adubo necessário para multiplicar a plantação de laranjas. Ranieri se dispôs a encontrar em um aviário próximo alguém que lhe cedesse esterco de galinha na condição de que ele limpasse o local. Ranieri contratou mais um colaborador para realizar tal função.

Moral: Integre seus fornecedores à sua cadeia produtiva.

... depois que os dois amigos decidiram fazer o suco, aproveitar as sementes para plantio e a casca para cristalizar e vender, ficaram com um problema: Como vender a casca cristalizada?

Ranieri disse:

– Temos de contratar um especialista em marketing. Ele conhece o mercado e sabe como e onde podemos vender nossa casca cristalizada.

O amigo concordou.

Encontraram o especialista, explicaram todo o processo, e ele, então, disse:

– Certo. Vejo grande potencial no negócio de vocês. Por isso, mostrarei como vender essa ideia e, em contrapartida, fico com uma porcentagem dos lucros.

Os amigos concordaram.

Moral: Nenhum produto vende-se por si só. Recorra aos especialistas em marketing e vendas e escolha os melhores. Dê preferência àqueles que negociem participação nos resultados.

... o especialista levou os dois amigos a uma cafeteria, apresentou-os ao dono do local e expôs a ideia:

– Esses são os homens de negócio de que lhe falei. Tivemos a ideia de sua cafeteria oferecer um café com cascas de laranjas orgânicas cristalizadas na versão *diet* ou com açúcar.

O dono da cafeteria sorriu:

– Mas isso é ótimo! Teremos um aumento de venda com esse diferencial. Preciso até revisar a qualidade do café que está sendo oferecido.

Moral: Apresente sempre um diferencial em seus serviços e produtos para poder vender valor.

... a cafeteria tornou-se um sucesso, vendendo cafés arábicos juntamente com as laranjas cristalizadas. A partir daí, o especialista de marketing desenvolveu uma marca forte que representava o posicionamento do negócio e passou a franquear no Brasil e no mundo. Todos ficaram satisfeitos e milionários.

Moral: Quando você acredita num sonho e consegue partilhá-lo com outros associados e colaboradores, o sonho tem tudo para se tornar realidade.

CAPÍTULO 11

OBJETIVOS E METAS, ESTRATÉGIA E AÇÃO

Agora você já tem alguns parâmetros para pensar em estruturar seus sonhos em ideias. Com isso em mente, você pode agora estabelecer quais são seus objetivos e metas daqui para a frente, para realizar seus sonhos. E como você vai fazer isso?

Primeiro, vamos responder às perguntas: o que é um **objetivo**? O que é uma **meta**?

Vamos fazer uma comparação: se você deseja fazer uma viagem e, vamos dizer, está no Rio de Janeiro e quer chegar a Salvador, sua meta é Salvador, o lugar aonde precisa chegar, num determinado dia. Verificando no *Aurélio*, veremos que meta quer dizer: "poste, marco, cordel ou qualquer outro sinal que indica ou demarca o ponto final das corridas (de pedestres, de cavalos, de barcos etc.); gol, baliza, barreira, marco, limite; alvo, mira, objetivo; termo, limite, fim". Toda meta pode e deve ser medida, seja em números ou data para ser atingida, mas principalmente ela deve ser clara, estar bem definida em sua mente.

Se você fizer a viagem de carro, até Salvador, você vai ter alguns objetivos que fazem parte do desejo de chegar à sua meta. Um dos objetivos é fazer uma viagem segura. Outro seria tomar o caminho mais curto possível para chegar na data prevista. Um outro ainda seria tentar gastar com a viagem uma determinada quantia que você reservou, e apenas isso.

Você poderia somar ainda outros objetivos, mas sempre é bom ter em mente os principais, talvez uns três ou quatro, no máximo. Os outros serão uma decorrência desses.

Quando desejamos realizar sonhos, sejam pessoais ou relativos à carreira, acontece a mesma coisa. Imagine que você é um advogado e sua meta é ter, daqui a quatro anos, um escritório de advocacia conceituado. Para atingir essa meta você deve ter alguns objetivos em mente, como: conseguir fazer cursos de aprimoramento; fazer contato com novos e maiores clientes; encontrar um outro advogado, no mesmo nível que você, que possa vir a ser seu sócio; por fim, guardar uma quantia, mensalmente, a fim de ter uma reserva para abrir a firma e montar a sala.

Num empreendimento, uma confecção, por exemplo, a meta pode ser a de exportar 5 mil calças jeans por ano, daqui a dois anos. Para isso você deve cumprir alguns objetivos, que poderiam ser: comprar mais dez máquinas e contratar novos empregados para operá-las; participar de uma feira anual internacional de moda e confecção, onde estarão prováveis importadores; tomar vergonha e concluir o curso de inglês; finalmente, criar peças de propaganda em mais de uma língua.

Independentemente da meta que se queira alcançar, ela sempre vem precedida de alguns objetivos, isto é, antes de chegar ao topo da escada, você tem de subir os degraus! E como subir?

Antes de chegar ao topo da escada, você tem de subir os degraus!

Tudo é uma questão de tarefas: pequenas tarefas necessárias para cumprir um objetivo, necessário para se chegar à meta. É o seu **plano de ação!**

Definidos a meta e os objetivos, você vai fazer uma lista das tarefas que deve realizar para cada objetivo que identificou. Veja só: se concluir seu curso de inglês é um dos objetivos para alcançar a sua meta, podem ser estas as ações que você deve listar, por exemplo:

- Ligar para cursos de inglês para informar-se sobre horários e preços.
- Cancelar a TV a cabo e usar o dinheiro para pagar o curso.
- Reservar horário durante a semana para ir às aulas.
- Escolher um curso e fazer a matrícula.
- Reservar um horário para estudar no fim de semana.
- Tirar boas notas, ser aprovado e receber o diploma.

Com o plano de ação num papel, de preferência escrito a lápis, para que possa ser corrigido e revisado constantemente, é bem mais fácil verificar o que está dando certo e o que não está! Se algumas ações não foram realizadas direito ou se você subestimou a importância de algumas delas, vai poder voltar atrás, olhar o plano e verificar o que não deu certo. Com base nessa verificação, poderá corrigir o rumo e novamente seguir em frente! É como se, a caminho de Salvador, você pegasse um desvio na estrada. Se tiver o mapa, vai poder ver onde errou o caminho, retornar e seguir viagem no rumo certo.

No exemplo do curso de inglês, pode ocorrer que, num dos semestres do curso, a grana esteja tão curta que você não tenha mesmo como se matricular. Com um plano a ser executado, você pode verificar a possibilidade de parar um semestre sem que isso atrapalhe sua meta. Ou então traçar um plano alternativo, e pedir um desconto maior ao dono do curso. Ou tentar uma bolsa de estudos. Ou... Sabendo qual é o seu objetivo, e tendo um plano de ação, você sempre poderá achar outras opções que satisfaçam o mesmo objetivo.

Você sempre terá dificuldades para concretizar seu plano, tenha isso em mente! A vida é assim. É justamente para isso que você precisa ter um plano. Com ele, você pode corrigir o rumo, saber o que está indo bem e o que não está e, principalmente, não se perder e desistir!

Qual o caminho mais rápido para se chegar ao topo de uma montanha? Traçar uma linha reta e seguir direto até o topo? Se você fizer essa pergunta para algum engenheiro de obras ou para um alpinista, certamente eles lhe dirão que não! As estradas, para quem quer subir uma montanha, normalmente circundam a montanha, dão voltas até chegar ao topo, pois nenhum motor de automóvel aguentaria o esforço para seguir direto, até o fim. Da mesma forma, um ser humano precisa escolher o melhor trajeto para sua escalada, aquele com obstáculos que ele pode ultrapassar e com lugares para acampar e descansar. Assim também deve ser o seu plano! Ele deve considerar todos os obstáculos possíveis, o seu próprio ritmo de trabalho ou estudo e até mesmo o tempo que você vai precisar, entre um objetivo e outro, para descansar.

Para traçar seus objetivos, você deve considerar as principais áreas do seu negócio, ou de sua profissão, e pensar: "O que eu quero com isso?" Por exemplo, se eu desejo aumentar a minha clientela, um dos objetivos possíveis será tornar meu produto, ou serviço, mais conhecido do público. Esse então será um objetivo de comunicação. As tarefas ou ações para realizar meu objetivo de comunicação podem ser: criar um site na internet sobre o meu negócio e um número de atendimento 0-800 para meus clientes.

Depois, você pode pensar em outros tipos de objetivos. Objetivos de distribuição, isto é, como vou oferecer meus serviços com mais facilidade, para uma clientela mais abrangente. Objetivos com relação a produto, como: desenvolver uma linha nova e mais moderna de produtos, ou um serviço diferenciado. Objetivos de posicionamento: como fazer os clientes perceberem meu serviço como o de melhor qualidade no meu bairro. E assim por diante, cada área pode gerar objetivos próprios, que contribuirão para se alcançar a meta.

Você já deve ter ouvido falar em estratégia de marketing. Parece um plano secreto, uma fórmula mágica, um enigma! Não é nada disso! Estratégia é apenas a definição do modo de agir para dar coerência a todo o plano que você fez. Qualquer que seja a meta, os objetivos e as ações do plano devem seguir uma mesma direção! Se você quer chegar a Salvador saindo do Rio de Janeiro, não pode pegar a estrada rumo ao sul! Você chegaria a Porto Alegre e não a Salvador. Se você quer montar um escritório de advocacia, não adianta fazer pós-graduação em fisioterapia. Se você quer vender 5 mil calças jeans daqui a dois anos, suas máquinas não podem ser obsoletas e antiquadas.

Se você quer chegar a Salvador saindo do Rio de Janeiro, não pode pegar a estrada rumo ao sul! Você chegaria a Porto Alegre e não a Salvador.

Parece óbvio, não é? Não, não é tão óbvio assim! Muita gente sonha conquistar o Oscar sem nunca ter feito um filme. Ou sonha vencer a maratona tomando chope em frente à televisão. Isso acontece com mais frequência do que você imagina! Seja coerente com seu sonho em seu plano de ação para que ele o leve a alcançar seus objetivos. Alcançados os objetivos, você estará próximo de alcançar a meta e, então, realizar o seu sonho.

Mantenha seu foco! Isto é, tenha em mente a sua meta e pense sempre no longo prazo! Sua meta deve ser como um farol, marcando na distância o lugar aonde você quer chegar, onde seu sonho vai se tornar real. Guie-se por sua luz, como fazem os navios! Quem quer colher frutos amanhã deve começar plantando as sementes hoje. Elas, no tempo determinado, crescerão, formarão plantas ou árvores, que então lhe darão os frutos pelos quais você sempre esperou. É assim desde que o mundo é mundo!

12 CAPÍTULO

TRAÇANDO UM PLANO PARA REALIZAR!

B em, nesse ponto de nosso livro você já deve ter compreendido a maior parte dos aspectos necessários para tornar-se um empreendedor. Como falamos no capítulo anterior, você deve converter seu sonho num plano de ação, numa estratégia que possa mostrar a outras pessoas para quem você pretende vender sua ideia, ou mesmo só para você ter um mapa do que pretende fazer e poder avaliar suas ações.

No mundo dos negócios, no mercado, esse tipo de plano, em seu modelo mais completo, é chamado de *business plan*, ou plano de negócios. Qualquer empresa, banco ou instituição só irá apoiar uma ideia que possa ser demonstrada com base em um *business plan*. É claro que essa é uma etapa um pouco mais sofisticada que, com o tempo, pode se tornar simples para você. Neste capítulo abordaremos os aspectos que você deve considerar ao montar seu plano, e você poderá montar uma versão mais simplificada de um plano de ação. Em nosso site, www.decisor.com.br, você poderá obter, gratuitamente, um modelo mais sofisticado de um *business plan*. Por enquanto, vamos dar os primeiros passos para traçar seu plano de ação.

12.1 Onde você está? Aonde você quer chegar?

Você já leu sobre isso: "Toda jornada começa com o primeiro passo" ou "Para se chegar a algum lugar precisamos saber aonde queremos chegar". Existem ditados, citações, parábolas e histórias sobre aonde cada um de nós quer chegar. Você já leu sobre isso e, provavelmente, tem um sonho, uma meta, um lugar "aonde você gostaria de chegar". E o princípio disso, você já sabe, é o lugar onde você está atualmente. Esse é o primeiro ponto que devemos analisar.

O que você já conquistou em sua vida?... Nada! Dirá você se estiver muito desanimado. E diremos a você: mesmo que você estivesse vivendo, desde a infância, isolado em uma ilha, sem instrução, sem companhia, sem meios, sem ter construído nada, mesmo assim você teria algo de onde começar: sua experiência de vida.

Vamos começar por aí, respondendo a algumas questões sobre a sua experiência e montando um quadro para ter uma visão de onde você está agora. Não esqueça: sua intenção pode ser entrar numa nova carreira ou tomar um rumo diferente na carreira em que você atua, abrir um negócio ou transformar o que você tem, atualmente. Montar um conjunto de samba ou abrir uma franquia de fast-food. Não importa, sua experiência de vida é o ponto de partida!

> **Mesmo que você estivesse vivendo, desde a infância, isolado em uma ilha, sem instrução, sem companhia, sem meios, sem ter construído nada, mesmo assim você teria algo de onde começar: sua experiência de vida.**

Qual é o seu conhecimento da área, setor ou carreira em que você trabalha ou pretende trabalhar?

Imagine que eu desejo muito ser um grande ator, mas já tenho mais de cinquenta anos, nunca trabalhei em teatro e conheço pouco sobre o assunto. Eu tenho duas opções nesse caso: ou desisto da ideia e passo a sonhar com outra coisa, ou decido que, de hoje em diante, vou me esforçar para conhecer mais sobre o assunto. Desistir ou não é uma decisão pessoal, mas não são raros os casos de pessoas que começaram tardiamente uma nova carreira e, mesmo assim, conquistaram a excelência em suas áreas "novas" de atuação.

Existem, entretanto, pessoas que são "craques" em sonhar sonhos impossíveis e que, ao constatar a impossibilidade, caem em depressão e desistem de tudo, às vezes até da vida. Ou então, mais adiante, arrumam outro sonho "impossível" para poderem sofrer tudo novamente. Se este não é o seu caso, saiba que responder às perguntas a seguir tem por objetivo dar a você uma ideia de onde você está, o que você tem a seu favor para atingir seu sonho, sua meta.

As perguntas feitas aqui são genéricas, tendo em vista que podem se referir a um tipo de carreira que você esteja planejando seguir, um tipo de negócio que deseja abrir ou alguma área nova que deseje experimentar na sua profissão, ou mesmo na vida.

No quadro a seguir, responda às perguntas atribuindo um valor numérico para cada resposta, dentro do seguinte padrão:

Muito(a)=5; Médio(a)=4; Algum(a)=3; Pouco(a)=2; Nenhum(a)=1

QUADRO DE ANÁLISE DE CONHECIMENTO

1. Qual é o seu conhecimento da área, setor ou carreira em que você trabalha ou pretende trabalhar?	
2. Qual a sua formação (cursos, treinamento, preparação) nessa área, setor ou carreira?	
3. Qual a sua experiência (anos, realizações) nessa área, setor ou carreira?	
4. Qual a intensidade de contato ou relacionamento que você/sua empresa tem com outros participantes dessa área, setor ou carreira?	
5. Qual o grau de afinidade (emocional, atuação familiar na área, talento pessoal, identificação) que você tem com essa área, setor ou carreira?	
TOTAL	

Agora some o valor das respostas, indique o resultado no espaço escrito total e confira a sua situação no momento.

Se o seu total foi igual ou menor do que 12 pontos:

Você está diante de uma opção de vida totalmente nova. Caso essa seja sua escolha, saiba que vai ser uma tarefa bastante árdua, um caminho cheio de obstáculos, exigindo de você uma determinação fora do comum. Você não tem "bagagem" suficiente nessa área e vai encontrar pela frente gente mais preparada do que você com a qual vai ter de concorrer. Você deve se perguntar: "Vale a pena o esforço?" De qualquer modo, há ainda outros aspectos a analisar.

Se o seu total estiver entre 13 e 20 pontos:

Você tem chances de se tornar um competidor nessa área. Há um longo caminho pela frente, mas você já deu alguns bons passos. Procure ler a respeito de pessoas que são referência nessa área e tente saber que cursos fizeram, seu tipo de treinamento ou preparação, enfim, que caminho as levou a serem as melhores.

Se o seu total foi igual ou maior do que 21 pontos:

Você está no jogo! Você é um bom competidor e tem boas chances de realizar seu sonho nesse caminho. Sua maior questão no momento é: "O que falta para que eu chegue lá?"

12.2 Identificação

Todos nós temos uma reserva de energia em forma de gordura acumulada no corpo, que é gasta à medida que o corpo necessita dela. Para repormos essa energia precisamos nos alimentar. Simples, não? Em nossa vida profissional acontece o mesmo: despendemos energia, todos os dias, em nosso trabalho, e precisamos repor essa energia. E como isso acontece? Isso acontece com base na gratificação que obtemos realizando nosso trabalho.

Existem duas formas de sermos remunerados pelo nosso trabalho. A primeira delas é com dinheiro, isto é, com o que recebemos, como salário ou lucro, em troca desse trabalho. A segunda é a satisfação que sentimos com a realização do nosso trabalho, ou nosso sonho, o resultado que vemos com o que produzimos. E agora vem o fundamental: para que você seja feliz na carreira ou negócio que escolheu, precisa obter gratificação na forma de dinheiro e também na forma de satisfação com o que faz!

Não é preciso ser muito esperto para perceber que vem daí a maior parte da insatisfação das pessoas não só com a carreira que escolheram ou com o negócio que estão tocando, mas também com a dificuldade em conseguir realizar o seu sonho. Quando a escolha é feita pensando-se só na "dinheirama" que se pode ganhar em determinada área, mais adiante isso pode gerar grande estresse. É o caso de pessoas bem-sucedidas mas infelizes pessoalmente.

Para que você seja feliz na carreira ou negócio que escolheu, precisa obter gratificação na forma de dinheiro e também na forma de satisfação com o que faz!

Na maior parte desse tipo de escolha ocorre ainda de a "dinheirama" que se esperava simplesmente não aparecer, já que o que era, há algum tempo, uma profissão desejada, hoje pode ser um mercado completamente saturado de profissionais, pagando mal à maioria. Um bom exemplo é a carreira de dentista, muito cobiçada nas décadas de 1970 e 1980, pelos altos valores que esses profissionais ganhavam então, e que hoje é um mercado saturado nos grandes centros e altamente dependente, como toda a área de saúde, dos planos de assistência médica. E assim acontece com várias outras carreiras e negócios.

Por outro lado, quando a escolha é feita esperando-se apenas a satisfação pessoal, apenas a realização, sem se dar importância ao dinheiro, muitas vezes pode ocorrer um desgaste do profissional e uma falta de perspectivas para o seu futuro. Afinal, somos seres humanos, e certas coisas materiais nos confortam e nos ajudam a viver dignamente. Uma boa casa, filhos na escola, passeios e outros bens são necessários e nos ajudam a ter uma visão mais otimista do futuro.

Não é nova a história de Vincent van Gogh. Um dos pintores mais famosos de todos os tempos, suas telas valem hoje vários milhões de dólares. Entretanto, enquanto vivo, Van Gogh não conseguiu vender um único quadro, situação que o levou ao desespero e, para muitos, foi o motivo de seu suicídio ainda jovem. Lendo sobre sua vida, podemos constatar que todo o seu amor à arte não lhe trouxe a satisfação necessária para ter uma boa perspectiva quanto ao futuro e fazer da venda dos quadros uma questão de menor importância.

Pense nas duas coisas ao fazer uma escolha. Dinheiro e realização pessoal devem andar lado a lado, estar em equilíbrio, porque um sem o outro pode não ser o ideal. Você pode dar mais valor a um do que a outro, mas não deve escolher uma área ou setor em que, para você, um dos dois não exista.

Se o seu sonho envolve realização pessoal, procure analisar todas as possibilidades de também ganhar o dinheiro de que você necessita para sobreviver, mesmo que ele venha a longo prazo. Se o dinheiro é fundamental para você, procure achar uma maneira de que a sua escolha venha a lhe trazer satisfação pessoal também, isto é, interior, de espírito, não material, mesmo que a longo prazo.

Mais uma coisa: a realização do seu sonho por meio do seu trabalho é uma das maneiras pelas quais você se relaciona com o mundo e as pessoas. Ele é importante para o nosso equilíbrio emocional, pois faz sentir que contribuímos, de alguma maneira, para o bem comum. Esse é um valor que você deve sempre levar em conta ao escolher uma profissão ou negócio.

A realização do seu sonho por meio do seu trabalho é uma das maneiras pelas quais você se relaciona com o mundo e as pessoas.

12.3 Análise de forças

Se você agora já acha, com base no que respondeu, que seu sonho é "viável", pode ser realizado, vamos fazer uma análise desse sonho como um empreendimento, igual a qualquer outro. Toda carreira, profissão, setor de negócios tem seus prós e contras. O problema é que, como você está envolvido emocionalmente com a questão (e, se não está, deveria), nem sempre conseguirá ver com isenção, isto é, sem tomar partido, quais são todos os prós e todos os contras daquele empreendimento. Colocar isso tudo numa balança, pesar os prós e contras, é fundamental para obter um resultado.

Existe um método para que você consiga fazer essa análise, que é uma adaptação de um método criado pelo especialista em administração e economia Michael Porter, e muito conhecido em marketing. Olhe o diagrama a seguir.

ANÁLISE DE FORÇAS DE UM NEGÓCIO

PONTOS FRACOS	PONTOS FORTES
AMEAÇAS	OPORTUNIDADES

Perceba que consideramos quatro dados diferentes nessa análise. São eles:

- **Pontos fortes:** tudo aquilo que é positivo com relação ao objetivo analisado.
- **Pontos fracos:** tudo aquilo que é negativo com relação ao objetivo analisado.
- **Ameaças:** tudo aquilo que pode atrapalhar, num futuro próximo, a realização daquele objetivo.
- **Oportunidades:** tudo aquilo que pode ajudar, num futuro próximo, a realização daquele objetivo.

Para que você perceba melhor a diferença entre pontos negativos e ameaças, e entre pontos positivos e oportunidades, vamos dar alguns exemplos imaginários.

Zé Mário é o treinador de um time de futebol que tem como ponto fraco a baixa estatura de seus jogadores da defesa. O outro time, que jogará contra o de Zé Mário, tem entre seus pontos fortes um atacante que é bom cabeceador. Zé terá de incluir entre as ameaças à sua equipe as bolas cruzadas altas sobre a área, que podem resultar em gols de cabeça contra o seu time e, com base na percepção dessa ameaça, treinar a equipe para se defender.

Orlando tem como qualidade, ou ponto positivo, forte, o fato de saber tocar violão muito bem, principalmente músicas românticas. A garota na qual ele está interessado, Dora, não perde uma reunião de sexta-feira no clube em que ambos são sócios, e o pessoal fica conversando e tocando música até de madrugada. Orlando terá uma boa oportunidade de chamar a atenção de Dora caso ele consiga tocar violão numa dessas reuniões, em que ela esteja presente.

Assim por diante, podemos observar em cada situação da vida diária os pontos positivos e os negativos. Com base nessa observação, podemos intuir ou deduzir as possíveis ameaças ou oportunidades.

De acordo com essa perspectiva, como você analisaria um negócio? Por exemplo, se você estivesse querendo abrir um curso de idiomas, quais seriam os pontos fortes, positivos?

Sabemos que existe um mercado crescente para cursos de idiomas, pois as pessoas precisam se qualificar melhor para conseguir empregos. Existem diversas franquias de cursos com sistemas automatizados, apostilas, softwares e muito mais, tudo já pronto para o franqueado oferecer aos alunos. Além disso, as escolas de ensino fundamental e médio não oferecem um ensino de línguas satisfatório.

E quais seriam os pontos fracos?

A concorrência nesse mercado é crescente; a cada dia surge um curso de inglês nas redondezas. Você precisa contratar professores especializados, e isso significa salários altos. Além disso, a exigência por modernos recursos de ensino, como computadores e programas, acaba demandando uma constante atualização do negócio.

Juntando a observação desses pontos fracos com o que sabemos no dia a dia por meio dos jornais, da televisão e da mídia em geral, podemos deduzir ao menos uma ameaça ao nosso negócio. Esta seria: o Brasil vive, como todo país em desenvolvimento, alternando momentos de crise com outros de euforia. Como o curso de idiomas não é prioritário se comparado à educação convencional, isto é, o ensino fundamental e médio, podemos deduzir que, em épocas de crise, o curso de inglês pode ser um dos primeiros cortes no orçamento familiar.

Por outro lado, observando os pontos positivos, podemos pensar que existem áreas, no interior principalmente, ainda carentes de cursos de idiomas. E você já pensou no seguinte: com a tal da globalização, apareceram necessidades de novos idiomas. Seu curso não precisa ser exatamente de inglês ou espanhol! Por que não o japonês, o alemão, o chinês ou o árabe?

Se você conseguiu entender o exemplo a respeito de negócios, vai ser mais fácil ainda ao falarmos de carreira.

O Gilberto, filho de um amigo nosso, está pensando em prestar vestibular para Educação Física. Além de ter sido sempre um praticante de esportes, durante a adolescência, ele é um rapaz saudável e gosta de crianças.

Pensando em ajudar nosso amigo a aconselhar o Gilberto, analisamos quais seriam os pontos fortes e fracos com relação a essa carreira. Percebemos, em princípio, mais dois pontos fortes além, é claro, das aptidões físicas do Gilberto. O mercado para professores de Educação Física é crescente; a cada dia abrem-se academias, empresas estão investindo na saúde física e mental de seus funcionários, e *personal trainer* é a profissão do momento; todo famoso tem um. Outro ponto forte é ser um trabalho saudável; você trabalha e fica em forma ao mesmo tempo.

Como estávamos tentando ver os dois lados da questão, identificamos como pontos fracos os seguintes: a concorrência nesse mercado é grande. Por exigir mais aptidão física do que intelectual, mais pessoas se formam na carreira, consequentemente a média de remuneração é baixa. Outro ponto que prejudica esse mercado é que, a cada dia, aparecem dietas e tipos de cirurgia plástica que concorrem com o suor que precisa ser gasto para se entrar em forma, ou seja, um ponto fraco seria a nossa maior inimiga: a preguiça.

Analisando a situação, vimos como ameaça à escolha de Gilberto o surgimento de tecnologias que pudessem minimizar a necessidade de professores de Educação Física, ou mesmo da própria atividade física, para se entrar em forma. Outra possibilidade é que surja uma moda, uma contrarrevolução de costumes, em que o corpo saudável e sarado não seja mais visto como tão importante assim.

Como oportunidades, identificamos o seguinte: mais e mais profissionais de qualquer área necessitam de uma boa aparência física; hoje em dia isso até contribui para se conseguir um emprego. Some-se a isso o fato de que novas possibilidades se abrem para professores que associam a Educação Física com práticas filosóficas ou reabilitadoras, tais como a ioga, a acupuntura ou, ainda, as artes marciais.

E você? Que outras ameaças ou oportunidades você vê para poder dar a dica para o Gilberto?

Usando a análise de forças, podemos ter uma visão total do quadro, facilitando a tomada de decisão. Mas como ser imparcial? Se eu gosto tanto desse meu sonho, é claro que eu vou achar mais pontos positivos e oportunidades! Ótimo para você! Só que, para sermos mais justos, você vai tentar colocar o mesmo número de observações em ambos os lados, nos pontos fortes e fracos, e da mesma forma nas oportunidades e ameaças. Se você descobrir sete pontos fortes, vai ter de achar sete pontos fracos também. É difícil? Sim, mas em vez de desanimá-lo, isso vai tornar a sua análise mais consistente, mais verdadeira. Por quê? Porque tudo na vida tende ao equilíbrio. Para qualquer carreira ou negócio, podemos achar o mesmo número de pontos positivos ou negativos, podemos enxergar tantas oportunidades quanto ameaças. A grande diferença é: os pontos negativos e as ameaças são suficientes para me fazer desistir? Os pontos fortes e as oportunidades são suficientes para que eu supere os obstáculos?

Usando a análise de forças, podemos ter uma visão total do quadro, facilitando a tomada de decisão.

Essas são as perguntas que você deve responder ao fazer a análise de forças. E lembre-se: quanto mais você enxerga todo o quadro, mais fácil fica tomar uma decisão!

Os pontos negativos e as ameaças
são suficientes para me fazer desistir?
Os pontos fortes e as oportunidades
são suficientes para que eu supere os obstáculos?

12.4 Uma palavra sobre oportunidades

É muito comum que uma pessoa só perceba uma oportunidade bem depois de ela já ter passado e de não haver mais jeito de agarrá-la. Isso é comum a todos nós porque, geralmente, levamos a vida fazendo uma coisa enquanto sonhamos com outra. Quando realizamos tarefas diárias, monótonas, que dizem respeito ao nosso trabalho, na maioria das vezes concentramo-nos apenas o suficiente para não errarmos no que estamos fazendo. Muitas vezes também estamos com o pensamento em outra coisa, como uma viagem, um programa que queremos fazer, uma pessoa que vamos encontrar...

Treinar para estar sempre atento ao que estamos fazendo, principalmente no trabalho, é a melhor maneira de estar preparado para as oportunidades. A atenção aos detalhes e ao público com o qual temos contato no dia a dia é que vai nos dar a dica de uma oportunidade, porque os acontecimentos do futuro começam hoje, nas pequenas coisas que deixamos passar despercebidas, portanto, fique atento!

O futuro começa hoje, nas pequenas coisas que deixamos passar despercebidas, portanto, FIQUE ATENTO!

12.5 DIFERENCIAL

Chamamos de diferencial aquilo que oferecemos além da expectativa do cliente, que é visto por ele como algo que agregue valor. Para que sua ideia se destaque de tantas outras que são oferecidas a quem pode investir em seus sonhos, ela deve possuir um diferencial, algo diferente do habitual.

Vamos dar um exemplo para que você entenda um pouco mais o que é um diferencial.

Imagine uma academia de ginástica num bairro residencial. O Otávio, dono da academia, notou que perto dali existia uma pracinha onde muitas mães jovens levavam seus filhinhos para brincar. Otávio viu nessas mães possíveis clientes. Ele entrou em contato com uma creche vizinha à academia, fez uma parceria, e passou a oferecer uma hora gratuita na creche ao lado para mamães que quisessem malhar na academia. Mãe jovem quer perder logo a barriguinha que ganhou durante a gravidez, mas muitas vezes não tem com quem deixar o filho para poder malhar.

As inscrições de novas alunas na academia aumentaram muito, assim como o lucro de Otávio com o seu negócio. Otávio ofereceu algo que, aos olhos daquelas clientes, era um diferencial, algo de valor para elas.

E se a academia de Otávio fosse localizada próxima a um condomínio onde houvesse muitos idosos? Adiantaria oferecer uma creche? Não, é claro. Talvez um checkup gratuito fizesse a diferença para aquele público. Caso houvesse muitos adolescentes no condomínio, o diferencial talvez fosse oferecer aulas de esportes radicais como escalada indoor, skate ou bicicross.

E se outras academias próximas, no caso da pracinha, oferecessem horários gratuitos em creches também? Isso deixaria de ser um diferencial para a academia do Otávio. Ele teria de começar a procurar outra oferta que, aos olhos dos clientes, tivesse valor.

Numa carreira, o seu diferencial pode ser um curso que você fez e que poucos têm. Pode ser uma experiência de trabalho que você teve e que é valorizada na área. Podem ser até livros que você leu ou contatos com gente influente. O que você não pode considerar, com relação a diferencial, é que ele irá durar para sempre. O curso que hoje só você tem, amanhã pode ser comum a todos os seus concorrentes nessa área. Como dissemos antes, não fique parado achando que suas conquistas são suficientes, porque outros estão vindo atrás de você, com a mesma disposição ou mais ainda, só que você está à frente, então conserve a vantagem. Senão, corra atrás!

O que não se pode considerar, com relação a diferencial, é que ele irá durar para sempre.

ATENÇÃO: Sempre vale a pena lembrar que o valor que você pensa estar oferecendo, com seu diferencial, deve ser percebido pelo cliente, isto é, ele tem de reconhecer valor naquela oferta para que ela faça diferença, independentemente do que você pensa a respeito, certo?

12.6 O PLANO

Onde você está? Aonde você quer chegar? Resultado do quadro de análise de conhecimento da área: ___ pontos (reproduza a definição do resultado):

_____

_____

_____

_____

_____

_____

Análise de Forças:

Pontos Fortes:

Pontos Fracos:

Ameaças:

Oportunidades:

Descreva qual a principal mensagem de sua comunicação, ao defender seu sonho, sua ideia:

Qual é o seu diferencial?

_____

_____

_____

Qual é sua meta (É a realização do sonho, aonde se quer chegar, e quando / Marque ano, mês e dia):

_____

_____

_____

_____

_____

_____

Quais são seus objetivos (O que é preciso para atingir sua meta):

1. _____
2. _____
3. _____
4. _____
5. _____
6. _____
7. _____

Descreva seu plano de ação (O que deve fazer para atingir seus objetivos) / Obs.: Elabore um plano de tarefas para cada objetivo:

_____

_____

_____

_____

_____

_____

_____

Não esqueça: na nossa página na internet, www.decisor.com.br, você pode obter um modelo de *business plan* completo, que vai ajudá-lo a vender o seu sonho, sua ideia, e transformá-lo em realidade!

A história do engraxate que montou a melhor engraxataria da cidade

Raí era um engraxate que veio de uma pequena cidade do interior e se apaixonou pela cidade do Rio de Janeiro. Ambicioso, decidiu que iria fazer sua vida, mas só dispunha de alguns trocados para comprar material para fazer a graxa de sapato. Raí conseguiu transformar uma caixinha de madeira em uma pequena caixa de engraxate e escolheu o Centro da cidade (perto da Candelária) para iniciar suas atividades. Anunciando que fazia a melhor graxa de sapato da cidade, rapidamente conseguiu conquistar uma clientela fiel e logo comprou uma cadeira para realizar seu trabalho. Nessa cadeira, ele oferecia jornal e banco reserva para quem ficasse aguardando. Raí era uma pessoa muito simpática e se esforçava para fazer a melhor graxa de sapato da cidade. Passou a tratar seus clientes pelo nome e a reconhecê-los também pelo tipo de sapato. Raí engraxava sapatos de diversos valores – de R$ 30,00 a R$ 2.000,00 (reconhecia pelo tipo de couro e design). Um dia, Raí resolveu oferecer o serviço de *personal engraxate*, ou seja, ele iria à casa dos clientes engraxar todos os seus calçados, fazendo uma manutenção periódica. Para tal, mandou confeccionar um lote de cartões oferecendo seus serviços junto com o número de seu celular. Os clientes mais abonados gostaram da ideia e passaram a contratar os serviços de Raí. Enquanto realizava seu trabalho de *personal engraxate*, Raí colocava um substituto de sua confiança na sua cadeira, dividindo a remuneração. Com esta renda adicional, Raí pôde alugar uma pequena loja, onde colocou à disposição o serviço de engraxataria juntamente com franquia de um café renomado que oferecia laranjas orgânicas cristalizadas.

CAPÍTULO 13

VERDADES E MITOS
SOBRE O EMPREENDEDOR

Segundo a revista Exame há poucas dúvidas, hoje, sobre a capacidade de uma sociedade com mercado livre produzir mais riqueza. Mas há uma condição primordial para que isso aconteça, uma característica sem a qual o mercado mais livre pode se tornar o menos aproveitado de todos: gente. Sem pessoas capazes de criar, aproveitar oportunidades, melhorar processos e inventar negócios, de pouco adiantaria ter o mercado mais livre do mundo.

É aí que entra o espírito empreendedor. Há pouco mais de vinte anos, acreditava-se que as empresas com menos de cem funcionários eram irrelevantes para a análise da economia de um país. Hoje, o consenso é outro.

Não são só os empregos. Diferenças no nível de atividade empreendedora podem ser responsáveis por um terço da variação do crescimento econômico de um país, segundo um estudo feito em dez países pelo Global Entrepreneurship Monitor, um grupo de pesquisa formado pelo Babson College e pela London Business School.

Talvez ainda mais importante que isso, o espírito empreendedor pode promover de forma democrática a mobilidade social: "Por ser centrado em oportunidades, o espírito empreendedor não dá a mínima para religião, cor de pele, sexo, naturalidade ou outras diferenças, e permite que as pessoas busquem e realizem seus sonhos", diz Jeffrey Timmons, professor de empreendedorismo do Babson College.

Em resumo: o espírito empreendedor é um dos fatores essenciais para aumentar a riqueza do país e melhorar as condições de vida de seus cidadãos. Essa afirmação leva imediatamente a duas questões. A primeira: o que é espírito empreendedor? E a segunda: é possível ensinar uma pessoa a se tornar empreendedora?

Espírito empreendedor, portanto, não é simplesmente a coragem de abrir um negócio. Ele está intimamente ligado à inovação, ao crescimento, à exploração de uma brecha que ninguém mais viu. É isso que amplia as possibilidades de uma economia.

Uma cultura empreendedora pode ajudar a avaliar e a minimizar os riscos, e os fracassos podem ser encarados como uma etapa no processo de aprendizado. Algo bem diferente do espírito de aventura.

Não é à toa que os índices de falência de empresas são tão altos. No mundo inteiro, toma-se como base uma estimativa segundo a qual 80% das empresas fracassam em três anos de vida. A estimativa é certamente exagerada, mas não está muito longe da verdade.

Se as possibilidades de fracasso são tão grandes, é justo incentivar as pessoas a correr esse risco? Não, se abrir empresas for o equivalente financeiro a dar um salto no escuro. Sim, se uma cultura empreendedora ajudar a avaliar e a minimizar os riscos, se os fracassos puderem ser encarados como uma etapa no processo de aprendizado. É a esse processo que se refere o espírito empreendedor, algo bem diferente do espírito de aventura.

É possível ensinar alguém a ser empreendedor? Uma das maneiras de responder a essa pergunta é com outra pergunta, formulada pelo consultor Fernando Dolabela: "É possível ensinar alguém a ser empregado?"

13.1 AS LIÇÕES DE BABSON

Roger Babson foi um consultor e financista americano que ficou famoso por ter previsto a quebra da bolsa de 1929. Não ficou apenas famoso, ficou rico. Riquíssimo. Tanto que, querendo enviar seus filhos para uma escola de negócios e não gostando de nenhuma, resolveu criar a sua. Foi assim que nasceu o Babson College, na Nova Inglaterra, região que é hoje o segundo polo de desenvolvimento da nova economia dos Estados Unidos, atrás apenas da região do Vale do Silício, na Califórnia.

Desde que a revista US News & World Report instituiu a lista de melhores faculdades de negócios do país, há mais de dez anos, o Babson College sempre aparece como a maior instituição para a formação de empreendedores. É também o primeiro colocado no ranking de ensino de empreendedorismo da Business Week, à frente de centros de excelência como Wharton, Harvard e Stanford. Foi nesse nicho que o colégio apostou há mais de um quarto de século. Pois a aposta se pagou: a formação de empreendedores virou febre nos Estados Unidos. Em 2005, mais de 1.100 faculdades americanas ofereceram cursos de empreendedorismo.

Mas esse ensino funciona? Bill Gates, talvez o maior símbolo de empreendedor das últimas décadas, não cursou MBA. Ao contrário, largou a faculdade para fundar a Microsoft.

O que aprendem os 3.500 alunos de Babson? "Não estamos tentando ensinar a melhor maneira de fazer negócios, e sim as melhores maneiras", diz Les Charm, professor e consultor especializado em finanças. "Você pode trazer os alunos até a fonte. Você não pode obrigar ninguém a beber, mas pode mostrar a fonte", diz Leonard Green, outro professor de Babson.

Babson não formou Bill Gates, mas ajudou a forjar dezenas de grandes empreendedores.

Algumas características do ensino de Babson, explicadas durante um curso de cinco dias de formação de professores-empreendedores, podem jogar luz sobre trilhas a serem seguidas por quem queira dinamizar seu trabalho ou abrir um negócio. Ei-las:

- Para criar um ambiente de ensino de empreendedorismo, o mais importante é ter exemplos de gente que possa dizer o que fez e como fez, falar sobre os problemas que enfrentou.
- É importante ser holístico (isso quer dizer enxergar as partes em função do todo).
- A visão de abrir uma empresa sempre foi a de alocação de recursos. O modelo de Babson é centrado na identificação de oportunidades.
- "O empreendedor é uma máquina de geração de oportunidades. Por isso ele é tão importante para a sociedade."
- Não basta pensar no produto ou serviço que você vai oferecer. É preciso ter uma visão da empresa que você quer criar.
- Você tem de saber o que é fluxo de caixa, entender a competição.
- No mundo inteiro está popularizada a importância do *business plan*.
- Não é necessariamente a ideia mais legal nem a mais brilhante que faz sucesso. "O maior brilhantismo é montar a equipe." Um time não deve ser formado por clones.

Veja a seguir algumas dicas para formação de equipes:

1. O recrutamento acontece durante todo o processo de formação da empresa, desde a primeira ideia. Mas não distribua participações no capital muito rápido. Crie relações temporárias, para não ficar preso a ninguém.

2. As pessoas costumam trabalhar melhor quando seus interesses pessoais são atingidos. Saiba olhá-las e descobrir o que lhes interessa.

3. A maioria dos empresários tem muita dificuldade em delegar e conceder benefícios financeiros. Isso conta a favor da vaidade do empresário, mas contra a empresa.

4. Se você não gosta de alguém, não o contrate, por melhor que ele seja profissionalmente. Se, ao contrário, vocês são muito amigos, formalizem as expectativas e o tipo de relacionamento que terão na empresa. Isso inclui as expectativas que você tem de si mesmo.

5. De alguma forma, transforme seus empregados em sócios. Participações são melhores do que bônus, que deixam os empregados à mercê da avaliação dos chefes.
6. Ética é crucial. Quando for procurar investidores, não vá atrás apenas de dinheiro. Procure gente que tenha contatos, entenda do negócio, possa contribuir.
7. O fundador precisa de uma estratégia de saída.

Algumas armadilhas para o empreendedor, segundo o consultor especializado em empreendedorismo, do Babson College, Allan Cohen:
1. Um bocado de satisfação do empreendedor vem do fato de ele ter visto o que outros não viram.
2. Empreendedores estão acostumados a distinguir-se dos outros. Isso dificulta a formação de equipes.
3. Eles sempre foram os que mais entendiam do negócio. Quando a empresa cresce, você é capaz de contratar gente que entende mais do que você?
4. O ideal do empreendedor é usar o máximo de recursos dos outros. Como as empresas podem incentivar o empreendedor interno, se o poder em geral vai para quem controla mais recursos?

Mitos sobre empreendedores:
1. *Empreendedores nascem feitos.* Falso. O que dizer de pessoas que, depois da meia-idade, descobrem novos rumos na vida e se realizam?
2. *Qualquer um pode começar um negócio.* Pode. Mas, e a sobrevivência do negócio? Lembre-se que 50% dos pequenos negócios fecham depois de apenas um ano de atividade.
3. *Dinheiro é o fator mais importante para montar uma empresa.* Falso. Se as outras peças estão no lugar, o dinheiro virá. O *business plan* é, na verdade, o que atrai investimentos. Sem um bom plano, o dinheiro vai "pelo ralo"!
4. *Empreendedores não têm chefe e são completamente independentes.*

Falso. Empreendedores têm o chefe mais exigente de todos: o cliente!

5. *Empreendedores devem ser jovens e cheios de energia.* Falso. Idade não é uma barreira, pois a experiência na maioria das vezes é determinante para o sucesso de um empreendimento!

6. *Empreendedores trabalham mais do que executivos de grandes companhias.* Não necessariamente. Lembre-se do que dissemos antes: produtividade = resultados / tempo.

7. *Empreendedores são lobos solitários.* Falso. Você já viu um bom empreendedor sem bons parceiros?

8. *Empreendedores são jogadores.* Nem sempre. Como já vimos em capítulos anteriores, empreender é arriscar calculadamente, com base em um bom planejamento, não é loteria!

9. *Qualquer empreendedor com uma boa ideia pode atrair investimentos de risco.* Falso. "Investimentos de risco" são "de risco" apenas no nome, pois ninguém irá investir apenas em uma boa ideia que não possa demonstrar possibilidades de retorno.

10. *Empreendedores querem o show todo só para eles.* Falso. Não confunda empreendedorismo com egocentrismo. O empreendedor visa, com suas ideias, melhorar o mundo ao seu redor, e com isso a vida das pessoas também, oferecendo a elas maiores chances de realização, e de empreender junto!

11. *Empreendedores sofrem um estresse tremendo.* Pode ser, mas o que você prefere: sofrer o estresse de uma vida sem perspectivas, ou o de saber que você está "na briga"?

Outro ponto de vista que já abordamos aqui, no Capítulo 4, é o do colaborador dentro de uma estrutura empresarial, aquele que resolve ser um empreendedor dentro da organização na qual ele está empregado (em inglês, *intrapreneur*). Se você se vê nessa situação, temos também algumas dicas que podem ajudá-lo a desenvolver seu espírito empreendedor nesse contexto. São elas:

1. Vá para o trabalho a cada dia disposto a ser demitido.
2. Evite quaisquer ordens que visem interromper seu sonho.
3. Execute qualquer tarefa necessária a fazer seu projeto funcionar, a despeito de sua descrição de cargo.
4. Encontre pessoas para ajudá-lo.
5. Siga sua intuição ao escolher pessoas para trabalhar e trabalhe somente com as melhores.
6. Trabalhe de forma clandestina o máximo que puder – a publicidade aciona o mecanismo de imunidade da corporação.
7. Nunca aposte em uma corrida, a menos que esteja correndo nela.
8. Lembre-se de que é mais fácil pedir perdão do que pedir permissão.
9. Seja leal às suas metas, mas realista quanto às maneiras de atingi-las.
10. Honre seus patrocinadores.

Teste agora sua postura com relação ao seu trabalho: será que você é um *intrapreneur*? Responda "sim" ou "não" às seguintes perguntas:
1. Seu desejo de fazer as coisas funcionarem melhor ocupa tanto de seu tempo quanto o cumprimento do dever de mantê-las como são?
2. Você se entusiasma com o que está fazendo no trabalho?
3. Você pensa sobre novas ideias de negócios quando está dirigindo para o trabalho ou tomando banho?
4. Você pode visualizar etapas concretas de ação, quando considera maneiras para fazer uma nova ideia acontecer?
5. Você enfrenta problemas, de tempos em tempos, para fazer coisas que excedem sua autoridade?
6. Você é capaz de manter suas ideias ocultas, vencendo sua vontade de contá-las a todos, até que as tenha testado e desenvolvido um plano para sua implementação?
7. Você já avançou com sucesso em tempos incertos, quando algo em que trabalhava parecia que não ia dar certo?

8. Você tem um número acima do normal de admiradores e críticos?
9. Você tem, no trabalho, uma rede de amigos com quem pode contar para ajudá-lo?
10. Você se aborrece facilmente com as tentativas incompetentes dos outros para executar partes de suas ideias?
11. Você pode pensar em tentar vencer a natural tendência perfeccionista de fazer tudo você mesmo e dividir com uma equipe a responsabilidade por suas ideias?
12. Você estaria disposto a abrir mão de uma parte do salário em troca da oportunidade de testar sua ideia de negócio, se as recompensas pelo sucesso fossem adequadas?

Se você respondeu sim mais vezes do que não, é provável que esteja se comportando como um *intrapreneur*.

VOCÊ É UM EMPREENDEDOR?

Faça o teste para identificar as suas características empreendedoras mais desenvolvidas, assim como aquelas menos presentes, para que seja possível se aperfeiçoar. (Teste baseado em informações do site http://www.intermanagers.com.br)

AVALIAÇÃO:

Some as ocorrências de alto, médio e baixo, multiplicando-as pelos pontos correspondentes a cada uma delas, de acordo com:

Alto = 3 pontos   Médio = 2 pontos   Baixo = 1 ponto

	Grau em que cada afirmação expressa uma característica sua		
	Alto	Médio	Baixo
Eu sou ambicioso e tenho a pretensão de prosperar financeiramente.			
Gosto de adquirir novos conhecimentos.			
Avalio minhas experiências positivas e negativas e aprendo com elas.			
Tenho iniciativa própria.			
Consigo superar derrotas e adversidades.			
Sou capaz de expressar ideias de maneira clara.			
Trabalho persistentemente até alcançar um objetivo.			
Possuo a capacidade de negociar.			
Tenho habilidade para fazer novos contatos de negócio.			
Consigo bons resultados mais do que a média das pessoas.			
Tenho a capacidade de administrar pessoas.			
Confio nos outros.			
Sei compreender os erros dos outros.			
Sou capaz de fazer um elogio ou delegar uma tarefa.			
Conto com a experiência e os conhecimentos necessários nas áreas em que pretendo atuar.			

Sou capaz de fazer planos em curto e longo prazos.			
Estou sempre em busca de novas maneiras para melhorar as situações.			
Costumo fazer controle financeiro.			
Tenho reservas suficientes para cobrir despesas pessoais e da empresa até que o empreendimento seja rentável.			
Minha família e meus amigos apoiam meus projetos.			
Estou disposto a abrir mão do tempo livre, de *hobbies* e férias, até que o negócio esteja estabelecido.			
Estou me tornando independente por vontade própria.			
Sou capaz de influenciar pessoas e liderar equipes.			
Consigo manter o controle em situações de estresse.			
Sou autocrítico.			
Compreendo a importância de desenvolver parcerias.			

Fonte: *Viagem ao mundo do empreendedorismo*. 2. ed. Instituto de Estudos Avançados (IEA).

PONTUAÇÃO:

0 a 27 pontos

As características que você tem atualmente não são indicadas para o empreendimento de negócios próprios. Mas não desista! Identifique suas características mais deficientes, procurando desenvolvê--las. Aceite o desafio de procurar superá-las sempre que enfrentar uma situação em que essas características sejam exigidas.

28 a 54 pontos
Você tem grandes chances como empreendedor, mas precisa melhorar seu conhecimento e sua disposição. Cursos, leituras e visitas a feiras e eventos especializados podem ajudá-lo nesse desafio. Se tudo começa com um sonho, busque conquistar as condições ideais para realizá-lo.

55 a 81 pontos
Parabéns! Você tem as características ótimas para alguém que deseja empreender um novo negócio. Apresenta capacidade de explorar novas oportunidades, independentemente dos recursos que tem à mão. Embora isso não seja garantia de sucesso, indica que você tem espírito empreendedor. Aproveite-o e vá em busca da realização de seus sonhos.

Foi realmente um prazer para nós apresentar essas ideias a você, neste livro. Esperamos que ele seja de alguma ajuda na sua busca pela realização de seu sonho.

Para que você possa praticar os principais conceitos apresentados neste livro, sugerimos que adquira o jogo "Desperte o empreendedor em você", no site www.decisor.com.br. Aconselhamos também que você assista a aula demo de gestão de pequenas empresas. Para acessá-la, entre em www.academiadigital.com.br, clique em "Sensor Moodle", no rodapé inferior esquerdo, e, em seguida, no item "Categorias de cursos", clique em "Projetos". O acesso estará liberado após você realizar o seu cadastro. Não são necessários login nem senha para entrar no curso GPE.

Queremos, ainda, dar uma última opinião: temos certeza de que a realização profissional está intimamente ligada à realização pessoal. Se tentarmos ser indivíduos melhores, em cada um de nossos dias, todas as outras realizações se tornam possíveis e, diríamos mesmo, prováveis. Lembre sempre que suas atitudes e ações positivas beneficiam quem está ao seu redor, criando uma cadeia de reação que pode se estender para muitas pessoas e retornar até você, naquela espiral, sempre subindo, sempre em direção ao amanhã.

Obrigado por sua atenção!

Esperamos que você aproveite bem as dicas deste livro.

No site www.desperteoempreendedor.com.br, você não só terá acesso a outros materiais que o ajudarão na tarefa de tornar-se um empreendedor, mas também poderá conversar com os autores. Se quiser mandar um e-mail, nossos endereços são:

duro@desperteoempreendedor.com.br
bonavita@desperteoempreendedor.com.br

Visite nosso site e conheça o "Jogo do Empreendedor".

Boa sorte em seu empreendimento!

BIBLIOGRAFIA PARA QUEM DESEJA SE APROFUNDAR NO ASSUNTO

ACURCIO, Martina; ANDRADE, Ro. *O empreendedorismo na escola*. Porto Alegre: Artmed, 2001.

ÂNGELO, Eduardo Bom. *Empreendedor corporativo*. São Paulo: Negócio Editora, 2004.

BERNARD, Luiz Antonio. *Manual do empreendedorismo e gestão – Fundamentos, estratégias e dinâmicas*. São Paulo: Atlas, 2004.

BIRLEY, Sue; MUZYKA, Daniel F. *Dominando os desafios do empreendedor*. São Paulo: Pearson/Prentice Hall, 2004.

BONAVITA, J. R.; DURO, Jorge. *Marketing para não marqueteiros*. Rio de Janeiro: Editora Senac Rio, 2001.

BOONE, Louis E.; KURTZ, David L. *Marketing contemporâneo*. Rio de Janeiro: LTC, 1998.

BORNSTEIN, David. *Como mudar o mundo – Empreendedorismo social e poder de novas ideias*. Rio de Janeiro: Record, 2003.

DURO, Jorge. *Decidir ou não decidir*. Rio de Janeiro: Quality Mark, 1998.

EXAME, agosto de 2000.

GERBER, Michael E. *Empreendedorismo – Fazendo a diferença*. Curitiba: Fundamento, 2002.

GILFFORD, PINCHOT III. *Intrapeneuring*. Goiânia: Harbra, 1998.

HISRICH, Robert; PETERS, Mic. *Empreendedorismo*. Porto Alegre: Bookman Cia. Editora, 2005.

HOFFMAN, K. Douglas; BATESON, John E. G. *Princípios de marketing de serviços*. São Paulo: Thomson, 2002.

KOTLER, Philip. *Administração de marketing*. São Paulo: Atlas, 1998.

____. *Marketing para o século XXI*. São Paulo: Futura, 2001.

KOTLER, Philip; JAIN, Dipak C.; MAESINCEE, Suvit. *Marketing em ação*. Rio de Janeiro: Campus, 2002.

PORTER, Michael. *Estratégia de empresas*. São Paulo: Makron, 1997.

REIS, Al; TROUT, Jack. *As 22 consagradas leis do marketing*. São Paulo: Makron, 1993.

A Editora Senac Rio de Janeiro publica livros nas áreas de Beleza e Estética,

Ciências Humanas, Comunicação e Artes, Desenvolvimento Social, Design e Arquitetura,

Educação, Gastronomia e Enologia, Gestão e Negócios, Informática,

Meio Ambiente, Moda, Saúde, Turismo e Hotelaria.

Visite o site **www.rj.senac.br/editora,**

escolha os títulos de sua preferência e boa leitura.

Fique atento aos nossos próximos lançamentos!

À venda nas melhores livrarias do país.

Editora Senac Rio de Janeiro
Tel.: (21) 2545-4927 (Comercial)
comercial.editora@rj.senac.br

Disque-Senac: (21) 4002-2002

Este livro foi composto na tipografia Rotis e impresso
pela Gráfica e Editora Stamppa Ltda., em papel *offset* $90g/m^2$,
para a Editora Senac Rio de Janeiro, em novembro de 2015.